Crystal Project

クリスタル・プロジェクト

アセンション・ファシリテーター *Ai*

明窓出版

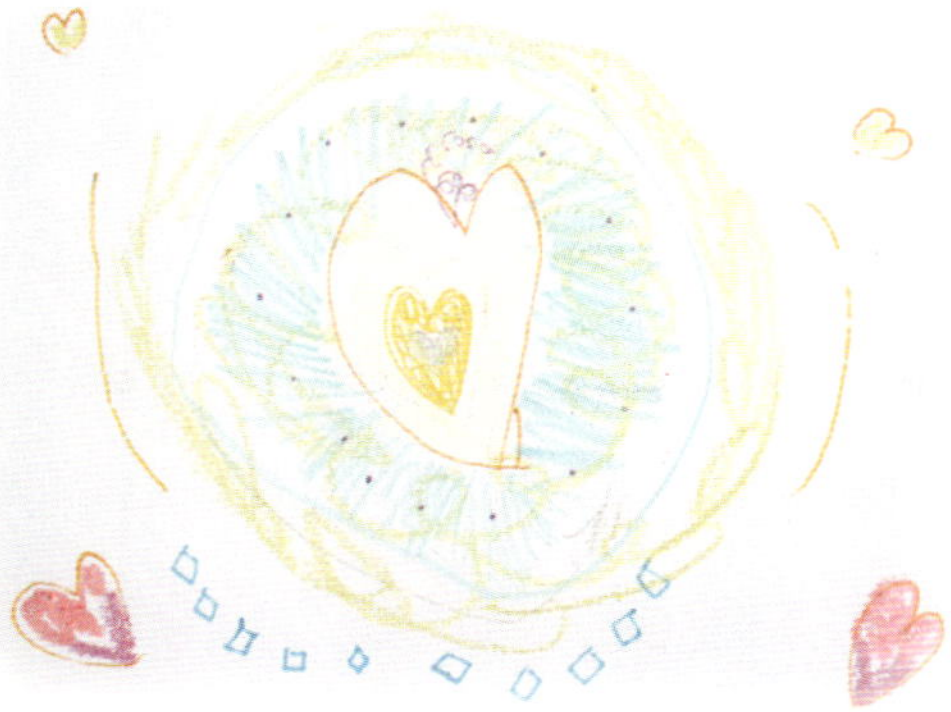

「ハートのちきゅう」
ゆら（6歳）

「虹のハート」
真瑠（7歳）

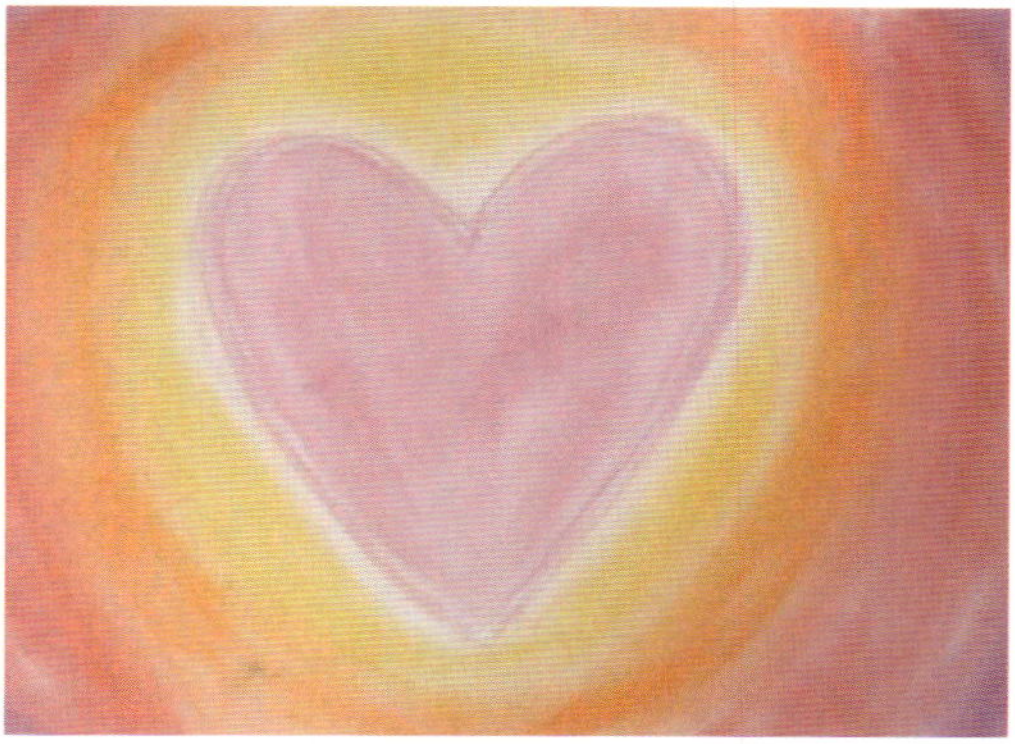

「日戸＝光＝愛」
ティアラ（12歳）

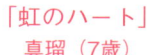

「ハートの木　1、2、3」
ハートが成長して羽ばたいていく！
真瑠（7歳）

「愛と光の森」あらゆるところに愛と光を生み出していく！
真瑠（7歳）

「光の滝」KEITO（8歳）

「愛の星へ！」天（16歳）

「クリスタル地球維神」天（16歳）

「地球維神」と「愛のメッセージ」photo＆文：天野　明（14歳）

愛の星へ！

ぼくがしあわせな時、お母さんもしあわせだと思う。
お母さんがしあわせな時、ぼくもしあわせだから。
おなかがいっぱいの時も、しあわせだけど、
いちばんしあわせなのは、ぼくの大すきな人たちが、
しあわせな時。心が愛でいっぱいの時。
ほんの少し気をつけるだけで、みんながきもちよくすごせるよ。

ＫＥ《け》Ｉ《い》ＴＯ《と》（八歳）

だれかにやさしくすると、その人もだれかにやさしくできるよ。

やさしくした人にも、やさしくされた人にも、

愛がポン！って、入るよ！

やさしいきもちの人がどんどんふえていくとね、

愛もどんどんふえて大きくなるよ。

みーんな、しあわせなきもちになるよ。

そうしてちきゅうは ね、愛の星になるんだ！

※お母さんの優美さんより：Ａｉ先生の御著書、「愛の使者」（明窓出版）を読み聞かせた時に、

ＫＥＩＴＯが描いた絵とメッセージです。

クリスタル・プロジェクト　目次

はじめに

アセンション・ファシリテーター　Ａｉ

みなさま、こんにちは！

この本は、たくさんのご家族と親子のご希望から誕生しました！


皆さん、「クリスタル・チルドレン」という言葉を聞いたことがあるでしょう？

一説には、インディゴ・チルドレンは、主にオーラがインディゴ（青系）で、既存の古いシステムへの戦いの戦士であり、クリスタル・チルドレンはクリスタルのようにエネルギーが美しい子、レインボー・チルドレンは、虹のような光の色彩を持つ、愛と光と平和の天使である、という説もあるようですが、元々そうした定義があるわけではありません。

最初はそれらが入り混じっていたり、環境、意識、エネルギーの変化とともに、シフトしていく場合もあります。


では、代表的な「クリスタル・チルドレン」、通称「クリスタル」とは、どのような存在なのでしょうか？

主に次の第一章で、このことについて皆さんとともに感じ、考え、観ていきたいと思いますが、これまでにたくさんの例を観てきた結論を言いますと、現在の子供たちのほとんどすべてが、「クリスタル」であると言えます！

本人や親が、気づいている、気づいていない、顕在（表に現れている）、潜在（表に現れていない）に関わらずです。

そして！　若い世代もそうであり、さらに！　今、これを読んでいる「あなた」もそうなのです！！！

もし、「そうではない」と今は感じているとしても、「本来」はそうなのです。

そして私たちの、その「本来」の姿を見せてくれる、見本、鏡、架け橋となっているのが、「クリスタル・チルドレン」であると言えるのです！

それは、生まれたままの『魂』（スピリット）の本来の姿、『愛』と『光』の本来の、そのままの姿なのです！！！

これからクリスタル・チルドレンたちをガイドとして、一緒にそれを探求し、発見していきましょう！

本書では、クリスタルとは？　という説明をすることではなく、その探求と実践を大事な目的としています。ゆえに、私や、クリスタルたち、クリスタル親子たちとの、日々のコラボレーション、コ・クリエーション（協働創造）とシナジー（エネルギーの相乗効果による拡大）を通して、できるだけありのまま、ともに感じ、体験していただくことができるような構成としました。

さあ、クリスタルたちとともに、愛と光の旅へ！

アセンション・ファシリテーター　Ａｉ

※本書は、皆さんのハイアーセルフを含む、高次に存在するすべての愛のクリスタル連合のサポートでつくられています。

第一章　クリスタル・チルドレン

クリスタル・チルドレンとは？

私が主催するアセンション・アカデミーのクリスタル・チルドレンの部は、大人の部の創設と、ほぼ同時期にできました。

アカデミーの大人のメンバーは、全国、そして海外にも在住されており、年代は三十代を中心に、二十代から六十代まで、幅広いものとなっています。一般的なスピリチュアル界では、ほとんどのメンバーが女性ということが多いようですが、男女の比率は半々に近く、バランスが取れています。

※『アセンション』の分かりやすい入門書としては、前著「愛の使者」（明窓出版）を参照していただけるとよいと思います。

最近の大きな特徴としては、ご家族、親子でのご参加が増えているということです。一人が参加されると、自然に友人や、ご家族へ拡大していくようです。メンバー全体が、いつも和気あいあいとして、ひとつの大きな家族のようになっています。

そして、大人の部に、お子さん（それも素晴らしいお子さん！）がいるメンバーが多いこと、そのメンバーは、家族やお子さんの意識の進化、そしてアセンションにも深い関心があること、お子さんについての相談が多いこと、お子さんの素晴らしい資質に気づき、お子さんのためにアセンションを学ぼうという人も多いこと、特に小さいお子さんの場合は、アカデミーのセミナーや交流会などでも行動をともにすることが多いことなどから、自然に、そして必然的に、クリスタル・チルドレンのための部も始まったのです。

セミナーや勉強会、交流会などに、小さいお子さんがいるお母さんたちも参加できるようにするためには、その受け入れ体制や、みんなの協力やサポートも必要となります。

全国各地からメンバーが結集する全体のセミナーも定期的にあり、各地での部会、勉強会、交流会なども頻繁に行われ、メンバーどうしもみんな仲良しで、お子さんたちもクリスタルだからなのか、年齢を問わず、初対面から兄弟・姉妹のように仲良くなります。

クリスタル同士では、お互いに共通するものを持っていることがすぐ分かるようです。クリスタルの交流も、最初の段階からそれぞれのよい特性がみんなによい影響を与えます。ひとつの家族のようにみんなが感じていますので、みんなでエネルギースポットへ訪れるツアーなどでも、小さいお子さんを連れているメンバーをみんながサポートし、スムーズに進みます。

では、「クリスタル・チルドレン」について、一緒に観ていきましょう！


「クリスタル・チルドレン」とは、どのような存在でしょうか？

皆さんはどのようなイメージを持っていますか？

自分の子供も、もしかすると「クリスタル・チルドレン」では？　と思っていませんか？

「クリスタル・チルドレン」という言葉は、「はじめに」で書きましたように、通称であり造語ですが、その特性をよく表していると言えます。


皆さんが感じ、思い浮かぶ「クリスタル・チルドレン」のイメージやエネルギー、そして「自分の子供もクリスタルかも」と思う理由、そしてクリスタル・チルドレンが、自分を「クリスタル・チルドレン」であると自覚する理由は、共通しています。


その共通点とは、文字通り「クリスタル」のようなエネルギーにある、と言えます。

透明で美しいクリスタル、水晶のようなエネルギーであり、存在である、というのが、一番大きな共通点です！

具体的には、どのようなエネルギーでしょうか？　クリスタル＝水晶とは、どのような特性を持つと思いますか？

宇宙の一人ひとりの意識の進化である「アセンション」においても、これは重要なテーマの一つとなっています。超古代からの高次のアセンション・アカデミーでも同様ですが、私のアカデミーでも、入門編で最初に取り組み、体験し、実践するテーマの一つです。

なぜかといえば、クリスタル＝水晶とは、神聖なる「神殿」、神聖なる「器」の象徴であるからです！

それが、「クリスタル・チルドレン」が意識の本来の在り方のモデルであり、見本であることのゆえんでもあります。

人体の約三分の二は水（水晶）であり、その本来の在り方も、「神聖なクリスタルの神殿」とされます。

聖書にも、「幼子のような魂でなければ、天国に入ることができない」とありますが、子供たちの魂は、純粋無垢で、とても美しいものです。それが魂の本質であり、本来の姿であると言えます。

特に三歳くらいまでは、どの子供も、すべてをエネルギーで観て、エネルギーで感じます。ゆえに、その環境がとても重要です。その美しい魂を、そのまま成長させていける環境づくりが望ましいですね！

そのためには、まずは親の意識の進化やエネルギーの調整がとても重要ですので、それがメインの理由でアカデミーに参加している人が多いのです。

クリスタル＝水晶の特性は、まずは透明で、美しいということ。光を通すこと。光＝エネルギーを増幅することなどが挙げられます。それはそのまま、クリスタル・チルドレンのエネルギーの共通点であると言えます。

クリスタル・チルドレンに共通するエネルギーを視覚的に観てみますと、まさに存在そのものがクリスタルのように美しく透明で、外部の光の様々な色彩やそのエネルギー、そして高次とつながっています。透明でありながら虹のような色彩を帯びたり、無限でもある感じです。

実際にクリスタル・チルドレンは、少し訓練すると、ほとんどがすぐに高次とつながっていきます。大人になってから覚醒していろいろと思い出したり、探求を始める人と違い、地上に生まれる前の魂の記憶、高次の記憶を持っている子も多く、地上の物理次元的な情報やエネルギーにあまり影響されず、本来のまま、ピュアに保たれているということが、理由として大きいと思います。

※そういう子供たちはアセンションに関心があり、そのための環境をともに創ってくれる親を選んで生まれてくることが多いようです。

このように、クリスタル・チルドレンとは、現在の地上の社会ではとても特別な存在であり、同時に、実はまったく特別ではなく、すべての人の本来の在り方のモデルでもあるのです。
他にも、クリスタル・チルドレンにはたくさんの共通点があります。幼い頃から美しいものが好き。愛と平和を好む、戦闘的なものを好まない、などもそうです。

アカデミーのクリスタルの部には、0歳から高校生くらいまでのクリスタルがいます。特に中学生以上になりますと、大人の部でともに学ぶ子供も多いです。

前述のように、クリスタルの本質は、大人も子供も共通のものです。

そして、永遠の「魂」というものがあるなら、それぞれの魂の歴史があり、その本質の進化の度合いは、地上の肉体の年齢とイコールではないと言えます。

そのことは、多くのお母さんたちも気づいています。


クリスタルたちは、愛と光と、そして深い「叡智」に満ちているのです。


そしてもうひとつ、クリスタルとその親、クリスタル親子に共通している重要なことは、「とても重要なパートナー同士である」ということです。

そのほとんどが、「ツインソウル」「ソウルメイト」「魂の分身」と言えるくらい、そのつながりがとても深く、重要な場合が多いのです。

そしてほとんどが、本質的につながりながらも対照的な要素を持っており、補完し合う、学び合う、サポートし合う、という互いにプラスとなる関係です。


これは全体の共通点から観ても同様です。子供たちは、大人が忘れてしまったものをたくさん持っています！　純粋で美しい魂。純粋な喜び。美しいもの、すべてのものに感動する心。探求する心。好奇心。

子供を通して、大人はそれを思い出すことができます。

そして大人は、まだ子供たちが知らない、特に地上の生活のための「知識」を持っています。子供たちの夢を、どうやったら実現できるか！　そして、安全な環境などのための知識です。


その他、クリスタルの共通点としては、「意志が強い。明確である」「リーダーシップがある」「協調性がある」「関心があること、好きなことには強い集中力と持続力がある」などが挙げられます。

安易に「迎合《げいごう》」（※自分の意志や考えを曲げてでも、他人に気に入られるよう調子を合わせること）をせず、流行などにあまり関心がないので、多少変わっていると学校の先生や友達から思われることもありますが、協調性もありますので、しっかりと社会にも適応している子供が多いです。学校でも、成績優秀でリーダーの役割をする子供が多いようです。

しかし感受性がとても強く、思考も大人のようなレベルですので、やはりクリスタル同士の方がより理解しあい、リラックスできるようです。


また、エネルギーにとても敏感ですので、場や環境のエネルギーや人の意識のエネルギーが良いと最大に元気になりますが、よくないものだと体調を崩したりということも起こるようです。

明確な目的・ヴィジョンを持って生まれてきている子供も多く、その本質につながるワクワクすることは、驚異的なエネルギーと持続力でどんどん進めていきますが、義務教育的な内容や、エネルギーが低いことに関しては、やりたがらない傾向もあります。

以上が、クリスタル・チルドレンについての主な共通点のまとめですが、いかがでしょうか？お子さんに、そして自分の子供時代に、思い当たることも多いのではないでしょうか！

アカデミーのクリスタルの部は、大人の部と同様、中今最新かつ古来からの高次の叡智に基づいたものとなっていますが、一見、カリキュラムらしいカリキュラムはありません。

そこにはたくさんの理由がありますが、主なものは、大人の部と同様、可能な限りマンツーマンで、一人ひとりの日々・毎瞬の、成長・進化に合わせたものにするためであり、それに必要な展開にするためです。

子供たちのアセンションをサポートしていく場合、もう一つ重要な要素は、特にお母さんのアセンションです。私も日常、メールやセミナー、個人セッション、グループ・セッションなどで子供たちに接してはいますが、常にそばにいる、最も身近な親の状況がとても大切なのです。

そのために、クリスタル・アセンション・アカデミーでは、まずはお母さんのアセンションをできるだけ先行してきました。

現在、お母さんたちの準備がかなり進んでおり、クリスタルたちのアセンションのサポートもできるようになってきましたので、クリスタルたちも、活き活き、伸び伸び、ワクワクと、日々大きな変容を遂げ、創造の翼を広げています。

冒頭でも書きましたように、クリスタルの本質とは、まさに、すべての人類の真の本質であると言えます。すべての大人が、思いだすべき本質。取り戻すべき本質。そして再び開花させるべき本質です。

純粋な、魂、ハート、心。愛と光。歓喜。好奇心。すべてに感動する心。楽しむ心。

これこそが、真のアセンションにつながる本質なのです。

クリスタル・プロジェクトのメンバー紹介

現在、クリスタル・アセンション・アカデミーに参加している親子の中から、今回のクリスタル・プロジェクトに参加してくださっている皆さんの自己紹介です。

※皆さんの自己紹介を編集していて驚いたことがあります。それぞれ別々に原稿を作成して、お互いに観ていないのに、クリスタルの子供たちのほとんどが、今回生まれてきた目的について明確に、「地球を愛と光の星にするため」と言っていることです！

◎航《わたる》くん（七歳）より

皆さん、こんにちは！　航です。僕は今、七歳です。僕は、ユニコーンとペガサスが大好きです！　海と虫と魚も好きです。

戦争が無くなって、みんなに食べ物がいきわたって、みんなが楽しく、笑顔で暮らせたら素敵だよね！

僕の夢の中では、新しい地球は、「全部がみんなのもの」だよ！　空いていれば、いつでも、好きな時に、どんなものでも使っていいんだよ！　おうちも、学校も自由！　素敵でしょ！
一番大事なことは、「楽しいこと！」最高でしょ！

◎航くんのお母さん（あめのひかりさん）より

皆さん、こんにちは！　航の母の「あめのひかり」です。私は関東在住の四十代の主婦です。私は人生の転機にふと、「何のために生まれてきたのか」を探求し始めました。そして、みんなの幸せのため、地球のために何かをしたい。そんな思いで、意識の進化、スピリチュアル、アセンションの世界の探求に入りました。

寄り道もしましたが、やっと、本物に出会えました！　皆さまにも、この感動とエネルギーをお伝えできればと思いました。そして、自分という宇宙にたった一つしかない貴重な存在に感謝し、全身全霊で愛し、自己の使命を全うする。人生という旅を終え、自分の本当の魂の故郷に還る。そんなきっかけの一助になれば、私の今世の至上の喜びです。

航と過ごす日常は、皆さまと同じで、怒ったり、泣いたり、笑ったり、ワクワクしたり、いろいろです。ちょっと普通と違うのは、枠からはみ出し気味で、なかなか常識が当てはまっていかないところで、試行錯誤の子育てです。

しかし航の感性に触れ、さまざまなことをシェアし合い、まるで大人のライトワーカー（意識の進化、愛と光の架け橋を意識している人）が傍らに存在していてくれるような、それでいて、とってもピュアであるという、クリスタル的な部分に触れるたびに、幸せが溢れてきます。

子供であるが、魂は大人。そんな「ギフト」を育てていくことも、自分の使命の一つであると感じます。また、航も、私をサポートし、育ててくれていると感じます。

私たちが願うことは、「美しい地球！」「楽しい地球！」「優しい地球！」「ワクワクする地球！」これはみんなが、願っていることだと思います。

そのためにはまず、キラキラの日常から！　たくさんの仲間とともに、私たちのキラキラの日常を綴ってまいります。

◎翔《かける》くん（十歳）より

翔です。今、僕は十歳です。生きものや動くものが大好きです。

僕は、地球を美しくするために生まれてきました。

僕は、地球を美しくしたいです。

地球を美しくするために、愛と光を大きく広げていきたいです。

◎翔くんのお母さん（光さん）より

翔の母の光です。翔やみなさんとともに、Ａｉ先生のアカデミーで、愛と光を学んでいます。

「一人ひとりの愛と光を大きくしていくこと」。それが、地球を美しくすることにもつながってくると感じています。

やさしさ、あたたかさ、慈しみ、育む心、思いやりの心、ワクワクする心、すべてのものを愛する心。いつもそんな心をもって、子育てをしていきたいと思っています。

◎真瑠《まる》さん（八歳）より

私は、お母さんと、弟の実璃《みのり》くんと一緒に、キラキラ輝く美しい地球にするために生まれてきました。

みんなが愛あふれる優しい人になって、毎日がワクワクで楽しいことをすれば、地球は『愛の星』になると思います。

大好きなみんなとアセンションをするために、これからも愛と光をいっぱい贈ります。

◎実璃くん（四歳）より

みんなの笑顔がすきです。ハート、キラキラ輝く星、虹が大すきです。

木や石がいっぱいあるから、お山で遊ぶのも大すき！

◎真瑠さん、実璃くんのお母さん（真優）さんより

真瑠と実璃の母です。クリスタル・チルドレンの子育ては、毎日のように新しい発見があり、学びでもあります。

親と子供というより、100％ポジティブで愛あふれる地球を創造する同志であるといえます。

子供たちは、愛と光のエネルギーの中では、いきいきとしています。本来のクリスタルがキラキラ輝くように、ともに成長していきます。

◎あさひちゃん（三歳）&はるかさん（お母さん）より

皆さん、こんにちは！　あさひと、母のはるかです。あさひは今、三歳の女の子です。男の子

によく間違われるくらい活発で、全開で、パワフルです！
彼女の存在が、純粋な愛のお手本となっています。あさひは、分け隔てなく、人懐っこく、誰にでも同じように、愛そのもので接します。あさひは、人を元気にしたり、笑顔にするのが得意のようです。

クリスタル・チルドレンの資質を安心して育めるこれからの環境づくりや、日々の成長を見守っていくのが、わたし（母）の喜びでもあります。

地球の、日本の、今とこれからを「愛」でいっぱいにするために、みんなでともに、また親子でともに、日々、愛を創造して参ります！

◎日那《ひな》ちゃん（四歳）&佳子さん（お母さん）より

保育園に通う四歳の娘の日那と、母の佳子です。
日那は、生まれた時からいつもニコニコしていて、言葉はまだ話せなくても、いつも笑顔で愛を振りまいている子でした。いつも元気で、活発で、好奇心旺盛で、甘えん坊！　いつも一生懸命で、エネルギー全開です。友達と喧嘩することもしょっちゅうですが、喧嘩したって、みんなのことが大好きです。挑戦することが好きなので、男の子と仲良くすることが多く、カッコイイことに興味があります。

家では、みんなを笑わせようと面白いことや顔をして、ゲラゲラ笑って喜んでいます。

人が喧嘩していると「喧嘩しちゃだめだよ！」と言って、心配してくるような優しいところもあります。

人に甘えるのが得意なので、すぐに懐いて抱っこしてもらったり、仲良くなります。

人が大好きなので、一緒にいたいあまりに、別れるのが少し苦手です。

日那は、世の中の、今までの余計な概念を壊すために来ていると感じます。

それは、いわゆる世間一般での「いい子・悪い子」という区別の概念です。

どんな子供も、その本質は愛と光そのものであり、良い・悪いの区別は本来ないということ。

子供のありのままの存在そのものが、愛であるということを、日那といると気付かせてくれます。

頭で人を判断するのではなく、ハートで感じることの大切さをいつも教えてくれます。

すべての人たちが、すべての人たちの愛と光にフォーカスして、尊重しあい、愛しあう世界を、日那と一緒に実現していこうと思います。

私自身については、小さい時から、世界中の人と仲良くすることが夢でした。近所では、赤ちゃんからお年寄りまで、全ての人と仲良く遊んでいたのを覚えています。

学校でも、クラス全員と仲良くするのが大好きで、みんなを笑わせることばかり考えている子供でした。何かで人を比べることが嫌いで、みんな平等で、大切なのは心だと思っていました。今考えると、自分もクリスタルだったのでは？　と気付きました。母親になっても、子供の気持ちがとてもよく分かり、「楽しいか、楽しくないか」が子供のモノサシだということも、とてもよく分かります。

愛と光そのものの、クリスタルの子供たちの良さを、のびのび伸ばせるような環境づくり。そしてクリスタルの子供たちが本当に望んでいることを実現していくためのサポートをしていこうと思っています。

クリスタルの子供たちの愛と光だけを見て、愛と光の部分を伸ばしてあげる。

そんな子育てや教育が当たり前になる世の中を創っていこうと思います。

そして大人も、クリスタルの子供たちから愛と光を素直に学べ、お互いを尊重し合える世の中を創っていこうと思います。

◎KEITOくん（八歳）より

ボクは、ただみんなが楽しく笑ってくれていたら、それでいいんだ。

それだけで、ボクも幸せな気持ちになるんだ。

だからきっと、みんなを笑顔にするために生まれてきたと思うんだ。

お花や虹、雪の結晶や、いろいろな石。自然にできたきれいなものって、それだけでキラキラ素晴らしいよね。

だからきっと、ぼくたちもみんなきれいで、素晴らしい存在だと思うんだ。

今、そういうことに少しずつみんなが気づき始めているよ。

どんどん笑顔の人を増やしていきたい。

だって、みんなが楽しく笑ってくれていたら、それだけでキラキラ素晴らしい地球になるんだもの。

◎彩《あや》ちゃん（三歳）より

わたしは、おふろやプール、海、水の中が大好き！

おかあさんのおなかの中がすきだったからかな？

おかあさんと、ずっといっしょだったから大好きなの。

わたしは、いつもおもっていることを、とても大きな声ではっしんします。

「パワフル」だってみんなにいわれます。

わたしはしってるよ！　わたしは「愛」からきたってことを！

おおきなこえで、つよいきもちで、「愛」をつたえにきたんだよ！

◎ＫＥＩＴＯくん＆彩ちゃんのお母さん（優美さん）より

ＫＥＩＴＯと彩の母です。私は母親に、とってもとってもなりたくて、フルタイムで働きながら不妊治療を続け、ＫＥＩＴＯと彩を迎えることができました。

この二人を地上に降ろす役割と、この二人とともに成すべき役割があったのですね。

家族ってこのように構成されているのですね。

私は子供の頃から夢のあるファンタジーが大好きでした。「夢」とは？　ファンタジーの世界が「夢」ではないとしたら！？　ワクワクしてきますよね！

私は本気で妖精や精霊たちとお友達になりたいと考えています。そんな美しい世界にみんなでともに存在したいと考えています。

◎みわちゃん（四歳）より

わたしはいま四歳で、幼稚園の年少組です。かわいいものや、きれいなものが大好きな女の子です。

ママのおなかにくる前は、みんなといっしょに天使ちゃんでした。

とくいなことは、おえかき、うた、おどり。

とてもやさしくて、女の子らしいとおもいますが、地球維神への意志はあつく、メラメラです！　ママのおしりをたたきまくって！？（笑）地球をかならず愛の星にします！

◎みわちゃんのお母さん（沙那さん）より

みわの母です。昨年の三月から、Ａｉ先生のアセンション・アカデミーの関東校の一つに参加しました。自分のアセンションについて、そしてみわのアセンションや、クリスタル・チルドレンの子育てについても学びながら、クリスタルの愛と光を発信していくというライトワークをしています。

子供は今に生きる天才です。地球全体をアセンションさせる『地球維神』についても、娘の方が強く、熱い志を持っており、娘に教えられ、助けられながら進む日々です。

大人にとっても、子供にとっても大切な、純粋な愛、喜び、幸せなエネルギー。そのエネルギーが、明るい未来を創っていきます。

一人でも多くの親子とともに、すべての人が持っている愛の可能性を、開花させていきたいと思っています。

子供たちに残したい未来を、一緒に創っていきましょう！

◎天さん（十六歳）より

天です。私は現在十六歳で、高校一年生です。私の母はLOVEさんで、親子でAi先生のアセンション・アカデミーに参加しています。

近年、クリスタルの子供たちがとても増えてきました！

クリスタル・チルドレンは、愛を伝えるために、この地球にやってきました。

みんなの強い愛の絆で、地球を愛にあふれる優しい緑の星にするために！

クリスタルの仲間とともに、愛と光を発神していきます！

愛でひとつに！

西日本のクリスタルの最年長として、クリスタル維神を成し遂げるため、ライトワークをしていきます！

◎天さんのお母さん（LOVEさん）より

天の母のＬＯＶＥです。二〇一〇年の八月に、『天の岩戸開き―アセンション・スターゲイト』（明窓出版）を読んで、Ａｉ先生のアセンション・アカデミーに参加しました。その一か月後、娘がクリスタルであることに気づき、今、親子で、愛の学びの中、アセンションの道を進んでいます。

クリスタルの子供たちは、愛と光にあふれています。平和で、調和した、美しい地球のヴィジョンをしっかりと持っています。純粋で、自然。愛の芯をもち、内なるハートと魂から、自由に広がる愛の光を大切にしあう。その繊細で優しいぬくもりの中で、みんなと手をつなぎ、一緒に、宇宙に愛と光の創造を拡大していくことに喜びを感じています。

そんなクリスタルの子供たちとともに、大人であり、親である私も、クリスタルから学び、純粋なクリスタルとなり、クリスタルのサポートをしながらともに歩みます。

親子で、そして、皆さまとともに、美しく輝く愛と光の地球を、ワクワク創造していくことを楽しみにしています。

◎ティアラさん（十二歳）より

こんにちは！　ティアラです。私は、この地球を、お母さんとともに、愛と光の星にするために生まれて来ました。今、地球温暖化や自然破壊などの問題がありますが、地球が愛と光でいっぱいになれば、自然と改善されていくと思っています。

いつでも、どこでも、だれにも、笑顔があふれて、楽しくわくわく、志をなしとげられる地球にします！

アセンション・ライトワーカーとして、地球に愛と光をおくりたいと思います！

◎ティアラさんのお母さん（菊香さん）より

ティアラの母の菊香です。ティアラとともに、Ａｉ先生のアセンション・アカデミーとクリスタル・アカデミーで、アセンションの学びと実践＝ライトワークを日々行っています！

クリスタルの子供たちは、高い意識を持ったまま、生まれてきます。

クリスタルは、その存在が愛そのものです！

クリスタルの子供たちは、一〇〇％、ポジティブで、澄みきった透明な光です。

愛で満たされた、キラキラ・ワクワクな世界と、アセンション後の地球のヴィジョンを、常に持っています！

親である私も、純粋なクリスタルたちから愛を学び、大人としてクリスタルの子供たちをサポートしながら、クリスタルたちが思い描く愛と光の星を、クリスタルたちとともに、ワクワク創造していきたいと思っています。

◎日音《ひのね》ちゃん（二歳）＆お母さん（ひふみさん）より

日音の母のひふみです。日音のハイアーセルフとの対話や日常のやりとりから、日音のメッセージを編集しました。

皆さん、こんにちは！　私は、日音です。現在、地上年齢は二歳になりました。『じこしょうかい』を贈ります。地上に生まれてから、二年がたちました。歩けるようになって、はしれるようになって、さいきんはジャンプしたり、おどったりすることが大すきよ！　お外で、力いっぱいからだを動かすと、とっても気持ちがいいの！　私はお外が大すき！　雨の日も、風の日もすきよ！　ことばもちょっと覚えて、「すき」って言えるようになったの。

「すき」って、とってもまっすぐなことば。そのまーんま、伝わるのよ。

「すき」ってことばは、パパが教えてくれたの。

「すき」っていうと、パパはいつもとってもうれしそうで、パパの「すき」も届くのよ！

地球のすべてが美しくてすきだけど、わたしはとくに、自然がすき！　中でもどうぶつが大すきで、おさかなもすきよ！

それからね、キラキラ光るものもすき！　ピンクのハートと、リボンも大すき！

そして、一番すきなのは、やっぱり、みんな！！

地球のみんなにもっともっと「すき」を伝えて、みんなが、みんなで、手をつなげるようになるといいな！

地球のことも、ことばも、もっとべんきょうして、たくさん伝えらえるようにしたい！

それが、私の今のもくひょう！

たくさんの「すき」が、みんなに届きますように！

たくさんの「すき」がひびきあう、「愛の星・地球」をめざして！

日音の母親の、私、ひふみについてです。現在、母親3年目になりました！　日音こと、ひーちゃんは、こちらがびっくりするくらい何の病気もなく、二歳まで元気に育ちました！

私から観るひーちゃんは、クリスタル・チルドレンの多くと同様、愛と光そのものの存在です。外出すると、見知らぬ人でも手を振り、笑顔を振りまくので、とっても人気者です。

ひーちゃんは、生き物が大好きで、動物園では大はしゃぎです！

そして好奇心も旺盛で、日々新たな発見をしては、自分で考え、挑戦しています。

地球という星を、そして毎瞬を、心から、ハートから楽しんでいるんだなあといつも感じます。

子育てをしていて、最も感じること。それは、彼女の成長が私の成長そのものであり、彼女の幸せが私の幸せ！　ということです。彼女が笑顔でいることが、何よりの喜びであり、ともに笑いあっている時が最も楽しいです。そして、私自身も子供になったような気持ちになり、とてもハートがあったかくなります。

クリスタルたちの豊かな感受性、明るさ、人懐こさ、眩しい笑顔を、地上の生活の中で、なるべく無くすことのないように。むしろ拡げていけるように！

そして彼女たちが、地上で成し遂げたいと願っていることのサポートをしてあげられるように。

クリスタルの母親として、日常の中、様々に学んでいるところです。

彼女たちの描く、みんなが手を繋ぎ合う『愛の星・地球』に向けて、『親子でアセンション！』を、日々体験、体感しながら、伝えていけたらと思っています。

◎歌音《かおん》クレアさん（十二歳）より

みなさん、こんにちは！　歌音クレアです。地球に降りてきてから十二年、今年の四月から中学生です。

何のために地球に降りてきたかと言うと、この地球を愛と光の星にするためです。

一人ひとりが持っている素敵なところをいっぱい発揮したら、素敵なハーモニーが奏でられると思いませんか。

それは、人だけでなく、木々や花、虫たちも一緒に奏でるのです。

そのために、わたしは、大好きな歌やフルートで、音楽を通して、愛を伝えていきたいと思っています。

でも、最近もうひとつ、新たな目標ができました。

宇宙から降りてきたクリスタル・チルドレンと、彼らを育てるお母さんたちを励ます仕事に就くことです。

そのために、わたしは、今、一生懸命勉強しています。

勉強も遊びもワクワクしながら進め、みんなのお手本になりたいと思います。

時々、母・那美さんのブログやホームページに登場しています。ぜひ、あそびに来てください！！　一緒に愛を伝えていきましょう！

◎歌音クレアさんのお母さん（那美さん）より

私は、美しい地球、美しい日本に暮らす、美しい人（日戸）を育成することをミッションとし、アセンションをサポートするための活動に取り組んでおります。

「アセンションとは、神聖なる女性性」。（これはＡｉ先生にテーマをいただいた）私のホームページのタイトルです。その核心は、「母性」の重要性を伝えたいという想いです。

この「母性」とは、お母さんだけに限らず、未婚の女性はもちろん、男性の中にもあります。アセンションでも重要なテーマとなっており、今、一番必要なエネルギーである「母性」。私たち一人ひとりが、「母性」の持つ真の力を十分に発揮する時、この地球は、愛と光の星になるでしょう。

私は現在、クリスタル・プロジェクトの実践として、「母性の開花及び発揮」を主軸に置いた子育てセミナーを行っております。クリスタル・チルドレンと関わる保護者の方々はもちろん、保育士やヒーラー、福祉施設の職員の方など、何らかの形で子供たちと関わる方々がご参加くださっています。

ともに、明るく清らに、エレガントに、進化（神化）して参りましょう！！

◎明《あかる》さん（十五歳）より

天野明です。母の照子さんと一緒に、Ａｉ先生のアセンション・アカデミーで学んでいます。

私は、この地球を、愛のあふれる星にしたいと思います。

宇宙に浮かぶ一つの星として、みんなが調和して、いつも笑顔で、お互いに助け合って生きていく、美しい星にしたいです。宇宙中から尊敬される星にしたいと思います。

私は自然がとても好きです。地球の調和のエネルギーを感じることができるからです。そのエネルギーは美しさでもあると思います。

木々の緑、土の香り、鳥の声や虫の姿、かわいらしい花。どれも平和で、楽しい気持ちになります。私は写真を撮るのが好きですが、一瞬の自然の美しさと光を、記録できるからです。それは、地球からの愛だと思います。私も、地球に、愛を贈ります。

◎明さんのお母さん（照子さん）より

みなさん、こんにちは！　天野照子です。十五歳の息子の明と一緒に、Ａｉ先生のアセンション・アカデミーで学んでいます。

幼少の頃から、クリスタル・チルドレンの特徴を顕著に持っていた息子とは、いつも親子というよりも、仲間、同志、といった感じです。子供の頃から、「自然が大好き」「地球が大好き」と言っていた息子を通して、私たちは、「親子でアセンション！」というテーマに導かれていきました。

私は今、Ａｉ先生のアセンション・アカデミーで、クリスタル連合の東日本の部会の事務局を担当しています。また、アカデミーの関東校の一つのファシリテーター（インストラクター）として、大人を対象にしたコースと、クリスタルのコースも担当しています。

東西の自主的なクリスタル部会では、Ａｉ先生からの「美しい地球を創ろう」というテーマで、みんなが様々なアイディアを出しあって話し合っています。

どのようにして、美しい日本、地球を創っていくか。

どのようにして、美しい地球を次代の子供たちに引き継いでいけるか。

それらをみんなで考えて、実践しています。

クリスタル・チルドレンたちは、すでに、アセンション後の光り輝く地球を観ています！

みんなが笑顔で幸せになれる、愛と光あふれる地球をみんなで創りましょう。

地球が美しい星になるように！

一〇〇％純粋なクリスタルたちとともに、楽しく、ワクワクと、がんばっていきたいと思います。私からも、皆さまと地球に、愛と光をお贈りします。

◎ゆらちゃん（六歳）＆るりちゃん（三歳）＆れむくん（九ケ月）＆お母さん（リタさん）より

人が好き。自然が好き。地球のこの世界が好き。子供たちが大好き。みんなの愛と光が大好き。

だからどんなことがあっても、平和な、愛と光の美しい世界をみんなで築いていく！

その揺るぎない意志をもって、Ａｉ先生のアセンション・アカデミーのインストラクターコースで学んでいます。

三児の母で、子育て真っ最中です。いつも楽しく、三人の子供たちと一緒です。

ご飯をつくって、絵を描いて、お散歩に行って。

何気ない日常のなかにも、神聖な力はともにあります。ライトワークは、いつでもどこでもできます！

子育ては芸術だ！　と誰かが言っていましたが、子供を生み、育てていくことは、未来を創ることです。新しい世界へ、橋渡ししていくことです。

母親として、子供たちの創造する力と生きる力を信じて、ただ見守ってあげられたらいいなと思っています。子供たちにとって、お手本になり、道を示してあげられたらいいなと。

子供にとってお母さんは、太陽の存在です。

今、こうして、子供たちとともに、日々学び、遊び、ともにいられることは大きな幸せです。

子供たちはとても自然に、愛と光のなかで、のびのびと、自分らしく生きています。

いつも、純粋で真っ直ぐな心で、大切なことを、私たちにさらりと伝えてくれています。愛の魔法で、にこにこ笑顔で、天真爛漫に。

そんなクリスタルの子供たちは、大きな希望の光。みんなのハートをひとつにしたら、可能性は無限に広がっていきます！

美しい心を育み、美しい感性で、心をこめて暮らすことから始めます。

心と心が通い合う社会、ともに生きる世界へ向けて。

「お母さんの本当に好きなことをしていいんだよ。いつも楽しくなくちゃ！」

「根っこがつながっている地球の家族！　みんなで楽しくね！」

子供たちからの、皆さまへのメッセージです。

※Ａｉよりコメント：「リタさんファミリーについて」

リタさんファミリーは、当初からいつも全員で、ほぼ皆勤賞と言えるくらい、すべてのセミナーやツアーなどにも参加されています。

クリスタル・プロジェクトをともに切り拓いてきた「親子でアセンション！」のひな型の一つの、アセンション家族であると思います！

れむくんも、お腹にいる時から、そして生後一カ月からは、地上で、ともにいつも参加していますし、みんなのアイドルですね！

◎宙《そら》くん（六歳）＆お母さん（晶《あき》さん）より

皆さま、こんにちは！　約一年前から、Ａｉ先生のアセンション・アカデミーの九州校で、「親子でアセンション」について、ワクワク楽しく勉強しています。

Ａｉ先生は、宙の体験、宙との体験について、マンツーマンで的確にアドバイスしてくださり、サポートしてくださいます。

その中で、これまでに親子で学んで体験してきたことは、勉強的な勉強という感じではありません。我々親子の場合は、二人でお空の上や、遥かなる宇宙からのメッセージを感じたり、思い出したり、愛に包まれたりという感じでした。

二人でハートを大きく拡げ、それらにつながり、どんどん幸せになっていく！

さらに、ハートでつながったたくさんの仲間と、もっともっと大きな愛でつながっていく！

そんな感動の体験の連続です！！

息子の宙は、とってもピュアで、優しい子です。そして私にとって、とても大切なメッセージをいつも伝えてくれます！「ことば」や「うた」を通して。「こころ」や「あい」を通して。

そして時には、「ちきゅう」や「うちゅう」についても話してくれます。とっても素敵なメッセージです。

それらを通して、時には「ハッ！」と気付き、時には感動で胸が熱くなります。そしてふと気づくと、キラキラな優しい空間に包まれて、時間が流れていくのです。

一瞬、一瞬が、輝きだします！　とっても不思議で、そして、限りなく幸せです！

大きな大きな「愛」が、いつも感じられるから！

こんな素敵な体験を進行中の親子です。皆さま、どうぞよろしくお願いします。
※次は、我々のアセンション・ライトワーク（実働）として、クリスタルたちのアセンションのサポートや、その関連の仕事をしているクリスタル・プロジェクトのメンバーの自己紹介です。

◎日咲《ひさ》さん　心の栄養士・ヒーラー

栄養士として三十年以上学校に勤務し、現在、「心の栄養士」として活動をしています。

子供たちの教育に携わる保育士さんを中心に、体と心の栄養についてや、教育関係者はストレスが多いことから、セルフ・ヒーリングを教えています。


子供たちとの関わりを通した栄養士としての気づきは、「食は命を育てる」「命は心・体・魂すべてを含む」です。

食を通して見えたものは、心。子供の心に寄り添うことが大事であるということ。比較しないこと。一人ひとりの一歩ずつの成長を認めること。誉めること。子供は、純粋で、素直で、やさしいこと、などです。

特に教育者の方々には、子供たちの豊かな心を育んでいただきたいと思います。

言葉の大切さも、子供はすぐに覚えます。よい言葉、例えば、美しい、やさしい、あたたかい、うれしいなどです。ぜひ、愛を感じる言葉を使っていただきたいと思います。

その他、クリスタル・チルドレンや、胎内記憶を持った子供たちのお話もしています。


昨年、初孫が誕生し、Ａｉ先生他、アカデミーのインストラクターのサポートで、孫と心の対話ができるようになりました。孫のハイアーセルフは、自分のことを「アース」（地球）と呼んでいます。アースは笑顔がとてもかわいい男の子です。

アースが生まれたことにより、家族の絆が深まりました。みんなが笑顔になってきました。

アースは、エネルギーにとても敏感です。そして、大人のように場のエネルギーに合わせることができます。場のエネルギーを、愛と光に変えていきます。アースがいると、場が和やかで、あたたかくなります。

そんなアースとともに、クリスタル・チルドレンのサポート、大人たちのサポートをしていきたいと思います。

◎幸代さん　デモクラティックスクール「ほしのたね」代表

幸代と申します。九歳のクリスタルの息子が一人おります。

何気なくインターネットで購入した、Ａｉ先生の「天の岩戸開き」の本を、半分も読まないうちに、長い間、探し続けた入り口を見つけたと感じ、そのままＡｉ先生のアセンション・アカデミーに参加しました。

その一年ほど前、息子が小学校一年生の終り頃、学校に行かないということを選択し、約一年間、ホームスクーラーとして生活しました。その間、私自身は「デモクラティックスクールほしのたね」を立ち上げる活動に参加しました。

デモクラティックスクールとは、自由と自治を基本理念とし、一九六〇年代にアメリカで生まれたものをモデルとしています。

その主な特徴は、「自分の好きなことを学ぶ」「カリキュラムやテストがない」「子供の尊重」「ミーティングで話しあって決める」などです。

それまでの私は専業主婦で、あまり周りの人と接触せず、ほとんどの時間を家で過ごしていました。息子が学校に行かないと選択するにあたり、いろいろ調べ、まずホームスクールという考えを知りました。そして、ほとんど同時期にデモクラティックスクールの存在を知りました。多くの大人がその存在を知った時に持つ感想ですが、「自分自身が通いたかった学校」「そんな学校に通ったら自分はどんな風に育ったのだろう」と思いました。そして私も、まさにそのように感じ、息子がそのような学校で育っていくことを想像しただけでわくわくしました。そして立ち上げに向け活動を始めて、多くの方との新しい出会いと助けを借り、多くの学びを経験し、「ほしのたね」を開校することができました。開校後は、共同代表兼スタッフの一員として、引き続き運営に関わっております。

少人数制の良さもあり、人数が増えれば毎日開校し、時間の延長も可能であり、学びが多様化していきます。今はそれを目指し、活動中です。

スクールの名前の「ほしのたね」とは、子供の一人ひとりを表してしていますが、その「たね」とはまぎれもなく、愛のたねなのです。愛のフィールドで、愛のたねを育み、それぞれの花を咲かせる。「ほしのたね」とはそのような場所として存在しています。

そして現在は、Ａｉ先生をはじめ、アカデミーのインストラクターの先生のサポートの元、「ほしのたね」に参加している子供のお母さんたちを中心に、少しずつ、「クリスタル・チルドレン」「アセンション」「愛とは？」などについて、Ａｉ先生の「愛の使者」の本を参考に勉強会を進めています。

クリスタルたちは、なぜ、今この時を選んで生まれて来たのでしょう？　それはきっと、今、そしてこれからの未来に、クリスタル・チルドレンとして、果たすべき役割があるからだと思います。息子はなぜ、私を親に選んだのでしょう？　それはきっと、私なら、彼が進みたいと思う道に喜んで送り出し、自らの使命を全うするサポートができると信じてくれたからだと思います！

だから私も、彼の母としてその役割を果たすため、子供が持って生まれたありのままの光を失わずに生きられる環境を創りたいと活動中です。

人がキラキラと輝く世界になった時、真に地球も輝きだすのではないかと思います。

◎いつこさん　クリスタル助産師

こんにちは、いつこです。私は三十年近く、姉とともに助産師をしています。

Ａｉ先生のアセンション・アカデミーでの学びを通じて、これまでの助産師の仕事を振り返ると、多くの気づきがありました。「自分はどこから生まれ、どこへ行くのか？」そして、「何のために今、ここで生きているのか」などについてです。皆さまにも、「親子でアセンション！」を目指す一助になれば、とてもうれしく思います。

私は一昨年の終り頃に、「アセンション」という言葉をはじめて耳にしました。すると、ウキウキ、ワクワクが止まらなくなりました！　楽しくて、嬉しくて、まるで「魔法の言葉」のようでした。皆さまの中にも、同じように感じた方がいらっしゃるかもしれません。とにかく私は、その言葉の意味を知りたくて、アセンションに関わる本を読み漁りました。

そしてＡｉ先生も登場されている「シリウスの太陽」の本を見つけ、すぐに購入して手にとってみると、凄い！　読む前から、エネルギーがビリビリと伝わってきたんです。内容もこれまでの本とはまったく違うことに、さらに驚きました。慌ててＡｉ先生のアカデミーのホームページにアクセスして、驚きは確信へと変わったのです。美しく眩いばかりに光を放ち、懐かしさと感動で、すぐに理解しました。私が探し求めていたのは、ここだと！

こうしてＡｉ先生のアカデミーで学びはじめて約一年になります。この間、自分でも驚くくらいに変わりました。自己の本源や生きる目的がわかり、向かうべき方向が定まれば、後はまっしぐらに進むだけです。アセンション家族とともに歩む道は、毎日が歓喜と感謝でいっぱいです。この限りない幸せを、一人でも多くの方へお伝えできればと思っています。

私が長年助産師をしていて特に感じることは、命の尊さと母子の強いつながりです。「いのち」は、「命」とも「生命」とも書きます。一瞬一瞬の「今」を懸命に生きてこそ、輝くのが命なのではないでしょうか！　これを全身で表現し、私たちに教えてくれるのが、クリスタル・ベイビー、クリスタル・チルドレンです。

彼らは、新しい地球を生み出すという明確な意思を持って、この地球に誕生しています。そして、自ら選択した母の体内に宿ったその時から、愛と光の使者として、見事なまでのライトワークを始めています。

母親は妊娠中に、いろんなことを感じたり体験したりします。いよいよ、クライマックスの分娩になると、一般的に不思議と思われることがよく起こってきます。

指導したお母さんの中には、ハート（心）で赤ちゃんと対話をしていると、直感で、生まれてくる日がわかる方もいらっしゃるようです。その他、胎児が体内で何らかのサインを送り、母もそのサインに気がついて対処したことで、危険な状態が避けられたケースもありました。

「愛するということは、お互いの命を愛《いと》おしむことだ」とも言われます。愛するお互いの命を大切に護るため、気づかないうちに言葉以外の方法で意思の伝達をしているのでしょう。母子間のチャネリング（意識の伝達）ですね。

人は心（アカデミーでは、ハートと魂）を開いて、ここに集中すれば、自己の望む現実が創り出せるということです。素晴らしいですよね。

このように観ていくと、親子、特に母子の深い絆と命の根底には、たくさんの様々な愛が存在し、育まれていることがわかります。それは、人（日戸）は本来、愛そのものの存在だからです。

クリスタル・ベイビーたちは、選んだのです！　自らの意思で、この世での父と母を！　そして、母子の強いつながりは、何を意味するのでしょう？　母子という両輪でやり遂げる大切な天命（ミッション）があったからです！　そのミッションとは、クリスタルたちがこの地球に誕生する意味。そうです、新しい地球を生み出す「地球維神」！

Ａｉ先生のアカデミーへ参加する前に、私には、ある一つの強い思いがありました。子育ても落ち着き、時間の余裕がもてた頃、これまで生かしていただいたことに感謝して、広く大きな何かに恩返しがしたいと。それが、新しい地球に生まれ変わるという「地球維神」への天命（ミッション）を全うすることでした。そうです、今ここに生まれてきているクリスタルたちと同じ目的です。最初は正直、少し不安がよぎりました。普通に過ごしている私が、まして、自分の感情のコントロールさえままならない私が、このような壮大なプロジェクトに参画できるのかと……。でも、三月十一日に起こった大震災が、この気持ちに拍車をかけました。母なる大切な地球が、嘆き悲しみ怒っていると感じました。そして、この「地球維神」プロジェクトが、地球だけのものではなく、銀河を超えて、宇宙全体の切なる願いであることを知り、迷いは無くなりました。そして、同時に自己の本源と、向かうところが理解できたのです。それは愛と光の根源、本源への帰還であり、クリスタルを含む根源の家族が、今、集まってきています。そして、「地球維神」

を成し遂げるために、お互いに協力し合い助け合いながら、楽しくライトワークを進めています。
愛と光の使者として！

ところで、みなさんはどんな地球に住みたいですか？　どんな環境の中で、愛する子供を育てていきたいですか？　私は、こんな地球に住みたいと思います。飢えや戦争がなく、平和な社会。大いなる自然を慈しみ、感謝の心で、動物たちと共生する地球。人々はお互いの個性を認め、敬い、尊重し、助け合い、奉仕することに喜びを見出す。子供たちは、社会の宝として、共同し、協力し合い、溢れるほどの愛で育まれる。天と地に抱かれ、愛と光に満ち満ちて……。これは、新しい地球、生まれ変わった地球なのかもしれません。想像は、創造の源ですから。

そのために、これからもクリスタル助産師として、母子（親子）のアセンションを、生涯全力でサポートしていきます。今後はますますアセンションし、母子の対話のサポートとなるチャネリング能力も高めて、皆さまの永遠無限の幸福と歓喜のお役に立ちたいと思います。

強い意志をもって、この地球へやってくる新たな命。それは、きらきら輝く生命。強くたくましい生命。清く美しい生命。愛と幸せいっぱいの命。

クリスタル・ベイビーたちは、地上に生まれた瞬間から、精いっぱい、全身で愛をあらわしています。だから、毎日が、感動の連続なのです。

美しい地球。平和な地球。愛で溢れる地球を、ともにめざして！

これからも、ワクワク楽しみながら、クリスタル親子のサポートをさせていただきます！

◎YOKKO《よっこ》さん　愛の保育士

《ハートの保育を目指して！》

私は、子供たちのキラキラな笑顔、ピュアな心が大好きで、子供の頃から夢であった保育士を長年しています。子供たちとの日々の関わりは、とても楽しいです。愛と光に溢れ、無限の可能性を持っていると感じます。世界中のみんなにこのクリスタルの愛と光のエネルギーを発信して、みんなでアセンションをするのが願いです！　それをブログで発信しています。私は、子供たちの愛と光を余すところなく発揮させ、幸せで楽しい未来を、そして美しい地球を、子供たちとともに創っていきたいと思っています。愛の保育士として、子供たちとともに日々がんばっています。

本当にどの子供たちも、愛と光で溢れています！

しかし、一般の教育の中では、時間の枠や常識の枠などにとらわれ、どうしても子供たちを押さえつけてしまうことが多々あります。今の社会では、それは教育や躾の上で仕方のないことだと片づけられてしまうかもしれません。

でも、私のハートは、何かすっきりしません……。

もちろん子供たちにとって、我々大人がお手本として示していく「何か」は、必要であると思います。しかし、その「何か」とは、いったい何でしょうか！？

皆さんは、今、そして未来に、どのように子供たちが生きていってほしいですか？

きっと、子供たちが生き生き、ワクワク、毎日を楽しみ、幸せな毎日を送っていってほしい。

ただ、それに尽きると思います！

ワクワク、幸せを感じる場所は、ハートですよね。

子供はみんな、ハートの感覚に正直で、毎日をキラキラ、ワクワク過ごしています。だから、子供はみんな輝いているんです！

でも、大きくなるにつれ、ハートの感覚が分からなくなって、本当にしたいこと、楽しいことが分からなくなってしまうのです。

社会を生きていくための既成観念などが、ハートを閉ざしていくのかもしれません……。

私が目指す保育、それはハートの保育です！

子供たちのハートの感覚を大切にし、常にハートを見つめ、ワクワク、ドキドキの感覚を、ともに拡大していきます。

そして、社会をみんなで一緒に楽しく歩んでいくために必要だと感じること。

そのハート＝「愛」を、心を込めて伝えていきたいと思います。

愛なら伝わる！　愛しか伝わらない！

我々大人がお手本として示していく「何か」とは、愛です！

愛になり、愛の実践をする。それが、ハートの保育です！

一人一人の愛の実践が、幸せで美しい地球を創り出します。

みんなでアセンション、美しい地球を目指して！

◎ＲＹＯさん　右脳＆ハートのトレーナー、風水鑑定士

私は現在、Ａｉ先生のアセンション・アカデミーで学びながら、これまでの右脳活性化のノウハウを活かし、さらにそれを超えて、Ａｉ先生のアドバイスの元、「ハートトレ」と名付けたハートのトレーニングを中心に、子供たちと、お母さんたちを指導しています。

それを少しずつ、クリスタル・アセンション・アカデミーに向けて進めていきたいと思っています。

また、風水鑑定士でもあるので、身近な、よりよい環境の創造に重要な風水アカデミーも行っていますが、その参加者たちも最近、アセンションに関心を持ち始めているので、アセンションの勉強会もスタートしています。

この活動全体は、「笑顔ネットワーク」と名付けられています。私は人の笑顔を見るのが大好きで、できるだけたくさんの人に笑顔になって欲しい。そんな気持ちを昔から持っていました。

そのためには、心を整え、活性化させることが大切だと思っています。心を整え活性化させて、たくさんの人に笑顔になっていただきたい。そして、その笑顔がつながって大きなネットワークになっていって欲しい。そんな思いから「笑顔ネットワーク」と名付けました。

子供たちは、大変大きな力を持っています。子供たちが持っている力を発揮するためには、心（ハート）の成長と活性化が不可欠であり、心が成長・活性化すると、右脳の活性化にもつながっていくとのＡｉ先生のアドバイスの元、ハートのトレーニングの「ハートトレ」を昨年からスタートしました。

Ａｉ先生のクリスタル・アカデミーでも、クリスタルの子供たちと接する機会をたくさんいただいています。

クリスタルの子供たちは、大人に愛を、ワクワクを、ピュアな心を伝えるためにやって来た愛の使者だと思います。

クリスタルの子供たちといると、「今を生きること」「愛で生きること」「みんなで幸せになること」を教えてくれていると感じるからです。

私は、今まで風水や右脳の活性化など、いろいろなことを学んできました。

それが、Ａｉ先生のアドバイスの元、それらを活かして、子供たちの心の活性化をはかったり、アセンションをサポートするという仕事をするようになりました。

今、ごく普通に観える子供たちの中にも、クリスタルの子供たちがたくさんいると思います。その子たちがクリスタルとして目覚め、活躍するお手伝いができればよいと思っています。


そのために、Ａｉ先生のクリスタル・アカデミーで、クリスタルの子供たちと接する機会はとても貴重です。

私自身がもっとピュアになり、ワクワクして、愛を伝えることができれば、まだ眠っているクリスタルの子供たちの目覚めのお手伝いができるのではないかと思っています。

◎宙太《ちゅうた》さん　「宇宙維神塾」塾長
皆さま、こんにち和！　宇宙愛をライフワークとしている宙太です。

地球に誕生し、早くも半世紀が過ぎました。二人の娘を天からお預かりし、育む中で、愛をいっぱい感じさせて頂きました。今後、この経験を活かせればと思っております。

私はクリスタル・プロジェクトの一環として、「宇宙維神塾」というものを、地元の大阪府太子町に立ち上げました。太子町は、聖徳太子の心の故郷でもあります。「和をもって貴しとなす」の、大和の心を学ぶ。少林寺拳法をベースとした「力愛不二」の心を学ぶ。心身ともに鍛え、ハートと魂を活性化し、進化させていく。自然との交流も通して五感も磨く。

子供たちも、老若男女も問わず、自分維神、地球維神、宇宙維神となっていく。

自分の心。それがすなわち宇宙でもあります。そのワクワクの学びと維神が、「宇宙維神塾」です。

日本の心＝魂を学ぶ場所を創り、未来を担うクリスタルの子供たちが、ワクワク愛と光を発現できるようにサポートしていきたいと思います。

「維新」ではなく「維神」なのは、たんに新しいものにするということではなく、「本源」へ帰る、進化する、というイメージです。

Ａｉ先生のアセンション・アカデミーで学んでいる、本来の神道の本質と言えると思いますが、地球そのもの、宇宙そのものは神聖なものであり、それが真の神さまの御神体であると言えると思います。そして私たちは、まぎれもなく、その一部であるということ！　それを思い出し、その本質へ進化するのが維神なのです。

宇宙は、すべてが愛でできていると思います。自分の周りを見まわしてみてください。この地球の、自然、環境、物質、動物、植物。そして両親。そして人が在るから、自分を認識することができると感じます。

宇宙の目的とは、愛の進化であり、愛から生まれた私たちが、様々な経験をへて、愛を感じ、愛となっていく！　それが宇宙維神であると思っています。

それは一人ひとりのハートから！　その愛の維神が、自分維神であり、宇宙維神なのです。

※最後に、クリスタル・アセンション・アカデミーのインストラクターを目指して、クリスタル・プロジェクトに参加している、（自称クリスタルの？）二十代のメンバーからの自己紹介です。事務局などのサポートもしてくれています。

◎国丸《くにまる》さんより

皆さまこんにちは！　国丸です。私は、Ａｉ先生のアセンション・アカデミーのインストラクターコースで学びながら、最年少のアセンション・ファシリテーターの一人として、現在、大人の部のアセンションの入門・基礎コースの一つを担当しています。

自分自身の中身がクリスタル（？笑）ということもありますが、クリスタルのアセンション・ファシリテートの学びを含め、進行などのお手伝いもかねて、このクリスタル・プロジェクトに参加しています。

地上年齢は、二十歳を過ぎており、現役の大学生で、見た目は大人ですが、中身は生粋の（？）クリスタルだと思っています。

クリスタル・チルドレンとは、一般的には、特に二〇〇〇年以降に生まれてきた、未来の愛と光の地球を担う子供たちだと言われますが、私は、一足先に、クリスタル連合からやってきて、クリスタル・チルドレンのために準備をしているクリスタルであると思っています。

実際に、Ａｉ先生のクリスタル・アセンション・アカデミーの中で、クリスタル・チルドレンと交流する機会はとても多いのですが、彼らとはとても仲良しで、いつもともに楽しく遊んだりしています。

私自身の幼少時代について思い出してみると、それはとてもナチュラルで、幸せな毎日でした。これは、クリスタル・チルドレンの特徴の一つでもあると思いますが、昔から、自然や動植物が好きでしたし、フルーツばかりを食べていました。私の皿には、いつもライチの皮の山がありました。(笑)

そして「愛」が世界で最も大切なものであると、なんとなく感じていましたし、「大人になっても、心が美しい人でいたいな」「美しい地球になってほしいな」と思っていました。

このような経緯のもと、私は現在、クリスタル・プロジェクトのインストラクターとなるために、Ａｉ先生のアカデミーで学びを進めています。

クリスタルたち、そして彼らの親であり、アカデミーではパートナーであるメンバーたちと、ともに学び、コ・クリエーションしていきたいと思います。

「クリスタル」の資質は、誰もが持っていると思います。なぜならそれは、「純粋な美しい心」のことであると思うからです！　赤ちゃんのように、みんなに微笑みかける心です。

それは誰の中にでもあり、忘れかけることはあっても、決してなくなることはないと思います。

皆さんの中に確かにある、そのピュアな心、愛と光そのものと響きあって、それを地球全体に広げていくことが、私たちのミッションです！

ともに手を取り合って、この地球に愛と光の虹を架けませんか！

愛と光の地球をともに！　国丸＆クリスタル連合より

◎明緒《あきお》さんより

皆さんこんにちは！　明緒です。母とともに、Ａｉ先生のアセンション・アカデミーの関東校の一つで学ばせていただいています。

私の地上年齢は二十歳過ぎの大人ですが、中身はクリスタルだと思っています。

昨年から自然農業を始め、自然や植物から様々なことを教えてもらいました。

無償の愛。植物は、ひたすら愛を与えてくれる。私は自然や地球が大好きです。

地球、自然環境、そして人に優しいことを選択して、美しい地球を創造していきたいです。

植物って、本当に生きているんです。挨拶したり、声をかけると、ちゃんと答えてくれて、成長が早くなるんですよ！　子供みたいでとっても可愛いです。

そんな野菜たちと対話をしながら、お料理を作るのが大好きです。

そして、その料理を食べてくれる人の、喜んでいる顔を見るのが私の喜びです。


みんなの笑顔が大好きで、ただみんなで笑っていたい。

地球のみんなが笑顔になれば、どんどん愛と光の世界になっていくと思っています。

自然と人が仲良く助け合って生きていきたいです。

これからは、全てが一つになっていくと感じています。


愛って難しいものではなく、恥ずかしいものでもなく、誰もが必ず持っているものだと思います。思いやり、優しさ、調和、平和。それは、とても深くて温かい。

愛を常に選択して、愛と光に溢れた地球をともに創造していきたいと思います。

それが地球や私たちの喜びですから！

クリスタル・チルドレンの特徴

クリスタル・チルドレンの特徴について、第一章の前半でいろいろと観てきました。

次は、クリスタルとその親たちによる、「クリスタルとは？」というテーマの探求、座談会です。クリスタル親子たちの、西日本、東日本での部会、交流会で話しあっていただきました。

――西日本のクリスタル親子の部会より――　（座長：菊香さん）

菊香：約半年前から、Ａｉ先生のご指導の元、西日本と東日本で、アカデミーのクリスタル親子たちの、自主的な勉強会や交流会を行っています。

自主勉強会・交流会のトータルのテーマは「子供たちの成長のサポートには、まずは親がより成長する必要がある」「子供たちの成長とその未来のために、よりよい環境をみんなで研究し、コラボレーションしていく」というアカデミーの方針とみんなの方向性とも一致しており、日々、楽しく進めています。

自主勉強会は、「クリスタル・チルドレンとは？」の探求からスタートしました。

アカデミーのセミナーなどの集まりで、多くのクリスタルたちを観ていると、子供たちのタイプがいろいろあることがわかります。我が子以外のクリスタルの特徴をみんなに聞くと、重なる部分もあり、まったく違う部分もあるように思いました。

クリスタル・チルドレンたちの成長のサポートのためには、クリスタルたちの特徴をよく知り、深く理解していくことが必要であるとみんなの意見も一致しましたので、まずは各親から観た自分の子供の特徴を、まとめていただくことになりました。主には「普段の行動の特徴」「食べ物の好みの特徴」「小さい頃から現在までに特に気づいたこと」などについてです。

優美：ＫＥＩＴＯ（八歳）と彩（三歳）の、私がこれまでに観てきた特徴です。

・野菜、果物が好き　・植物が好き　・動物が好き　・綺麗なもの、綺麗な色、キラキラ光るものが好き
・音楽が好き　・絵を描くのが好き　・本が好き　・工作が好き　・写真を撮るのが好き
・歌とダンスが好き　・水が好き（海、水泳など）
・優しい（お母さんたちや近所のおばちゃんたちに大人気）
・周りの空気を読む（気配りができる）・争いを好まない　・戦闘モノが好きではない

・ボクシングや格闘技などは見るのも嫌がる
・まるで生まれてくる寸前まで大人だったかのような雰囲気を感じる
・発言が大人びている　・正義感が強い
・時間をあまり気にしない（急ぐという概念が無い！？）
・人に喜んでもらうことが喜び　・何かに夢中になると、何も聞こえなくなる
・涙もろい（嬉しくても泣く）
・生まれた時から、神さまとは何か？　を本質的に知っている感じがする
・流行にあまり興味を示さない
・世の中の動きを知りたがる（ニュース番組を観て、説明を求める）
・周りの人を観察している　・誰とでも仲良くなれる　　などです。

真優：真瑠（八歳）の、私がこれまでに感じた特徴です。まずは「食」についてですが、粉ミルクは嫌がり、母乳が好きだった。好きな食べものがコロコロ突然変わる。味に敏感、食べるものを直観で選ぶ。美味しくないと食べない。などです。

次に「行動の特徴」についてですが、生まれる前の話をよくします。初めてその話をしたのは

三歳のころで、とてもリアルで楽しそうに話をしていました。

また、私の話の内容も理解していることが明確にわかりました。

とても純粋で、絵を描いたり、本を読んだり、工作をするのがとっても大好きです。

集中力もものすごくあります。自立心があります。今では、下の子を連れての買い物や、習い事に一人で行っています。とても感受性が豊かです。人のエネルギーを感知しているようで、お話をする人としない人がはっきりしています。彼女の絵の表現力はとても素晴らしく、いつも楽しい気持ちにさせてくれます。


次は、実璃（四歳）についてです。まずは「食」についてですが、二歳頃までは食物アレルギーがあったようで、親が気づく前から、食べてはいけないものは口にしない子でした。

食べ物に関しては、自分の体調に合わせて自己管理をしているように思います。

行動についてですが、実璃がいるだけで和やかになります。知らない人にも、いつもニコニコしていて、電車の中では話しかけられることもしばしばでした。

言葉を話すのは遅かったですが、対話にはあまり不自由を感じませんでした。

私の言っていることを理解できているようでした。

神社に行くのが好きであると感じます。楽しそうですし、参拝のご挨拶もしっかりするのに驚いたことがありました。

子供扱いをすると嫌がります。何でも本人が納得するまで話をしないと、後が大変です。

協調性があり、いろいろなお友達と遊んでいます。星、月、石、木の実が特に大好きです。


LOVE：娘の天（十二歳）についてです。まず幼児期ですが、言葉を話し出すのが早く、一歳半頃からでした。しかも、赤ちゃん言葉を使わないのです。一つのことにとても集中する子でした。子供だましがきかない子でした。

天の目をまっすぐに見て、真剣に、大人扱いしながら話すと理解してくれました。愚痴をいう子が苦手なようでした。エネルギーに敏感でした。喧嘩をせず、叩かれても叩き返さない子でした。

次に食べ物についてですが、幼少期までは、添加物が入っているものは食べようとしませんでした。

小学生になってからは、神社が大・大・大好きで、義務教育の学校がつらいと感じてきた時に、私と神社参りをして復活しました！

その他、この頃に特に感じたことは、「自分の意志を貫く」「空気が読める」「エネルギーに敏感」「自然に、私のエネルギー調整をそばでしてくれている」「相手の考えていることを当てる！」「洞察力が高い」などです。

天からの伝言では、「Ａｉ先生のアカデミーに参加してから、すべてが変わった！　生き方が変わった！」とのことでした。

はるか：娘のあさひ（三歳）についてお話しします。普段の生活の中で、クリスタル・チルドレンだなと思うことは、人懐っこくて、みんなの輪の中に入っていくのが好きなこと。争いを好まないこと。繊細なこと。芯がとてもしっかりしていることなどです。

そしてエネルギーが透き通るほど純粋であると感じます。愛と光のダイレクトなポータルという感じです。存在そのものが愛と光という感じで、いつも眩しく感じます。

エネルギーにとても敏感で、Ａｉ先生のセミナーや、神聖なエネルギーの場所へツアーなどで行くと、とてもエネルギーが高くなるようです。

人と人をつなげる存在であると感じます。私もよくサポートされていると感じます。

例えばアカデミーのメンバーの交流会、懇親会などで、あさひに、「この人と話したほうがいいよ」という感じである人のところに連れて行かれ、その結果、その人ととても深く理解しあえたという経験があります。

元々の私は人見知りのところがあったのですが、あさひの人懐っこい性質のおかげで、どんどん心を開いていけるようになりました。

やはりクリスタルは、「愛と光の使者」なのだと思います。

あさひが生まれてから、「愛する」ということを思い出しました！

それもクリスタル・チルドレンという存在そのもの、その本質が成せる業の一つであると思います。


特にＡｉ先生のアカデミーに参加してからの変化が大きいです。私の意識が変わったせいか、とてもあさひと分かり合えるようになりました。あさひもそう感じていると思います。のびのびとしているような感じがします。

アセンション＝愛、光、心の進化へ向けて、そしてそれを拡大していくライトワーカーとして、親子というよりも、パートナーであるという意識になりました。

あさひのハイアーセルフも、そのほうがやりやすいようです。Ａｉ先生、アカデミーのメンバー、そしてあさひ。その素晴らしい愛と光の絆に感謝します。

菊香：娘のティアラ（十二歳）についてです。まずは生まれる前から幼稚園時代についてですが、生まれる前も、そして生まれてからも、私を必要な方向に導いてくれたと感じます。ティアラからは、常に、「私は人々を光に導くために生まれて来ました！」というメッセージを受け取っていました。

生まれた時から、とても目の力が強く、人の目をじっと見つめる子でした。人からも、「すべてを見透かされているようだ」と言われることがよくありました。私は、ティアラがすべてを理解しているように感じました。見えない世界を観ている（感じている）ようでした。

私の言うことをすべて理解し、ティアラの伝えたいことも理解できました。今振り返ると、テレパシーで会話していた感じです。

必要なことは事前に注意事項を伝えておくと、必ず守ってくれるので、強い口調で注意する必要がありませんでした。ゆえに、お互いにストレスがありませんでした。

例えば「ハサミなどの危険なものが入っている引出しは、危ないので開けないように」と伝えると、他の引き出しを開けることはあっても、危険と伝えた場所には絶対に触りませんでした。

エネルギーにとても敏感で、両親とエネルギーが合う人以外は、抱っこされると必ず泣きました。しかし子供同士ですと、初めての子でも、輪の中にすぐに溶けこんでいました。何かマイナスの、ネガティブなエネルギーがある場では落ち着かず、時には火が点いたように泣き、私に居心地の悪さを伝えてきました。

その他、音に敏感で、大きな音が苦手でした。自然や美しいものが大好きで、そのようなエネルギーの場所ではとてもご機嫌でした。

早く自分でいろいろできるように、様々な体の動きを練習していると感じました。十か月で歩き、一歳六か月でおむつがとれて、会話もできてきて、服のボタンやジッパーや、靴の脱着も自分でできるようになりました。

他方、固定されること（車のチャイルドシートのベルト、ベビーカーのベルトなど）が大嫌いでした。

人にとても興味があり、観察している様子でした。パズルや絵本が好きでした。

私はティアラを、とても高い意識の存在であると感じ、もしかして私のハイアーセルフの先生（？）が生まれてきてくれたのかも？　などと思ったりしていました。

いずれにせよ、清らかで美しい高い精神性を持った存在をお預かりして、育てさせていただいているという感覚が常にありました。

この時代のティアラは、キラキラ輝くものが大好きで、太陽が好きでした。

天然塩や味噌が好きで、そのまま食べたがりました。

身体を動かすことも大好きで、一歳で公園の滑り台に一人で登って滑ったり、ブランコをしていました。まるで肉体を持っておらず、あたかも飛べるかのような感覚で走り、よく転んでいました。

食事の量は極端に少ないのに、プクプクとしていて、よく育ち、病気もほとんどしなかったので、周りの人に不思議がられていました。


話し始めた時から、話す内容が大人びていました。

とても優しく思いやりがあり、平和的、調和的で、穏やかで、安定していました。

その場の状況を的確に把握し、自分が何をすべきかを知っていました。

相手が何を望んでいるかが分かるので、相手に必要なものを与えられる存在であると感じました。同じくらいの歳の子供が、自分の言いたいことが言えない時は、読みとって代弁していました。また、逆に大人が言っていることが友達に通じていない時は、分かりやすい言葉に直して、伝えるなどもしていました。大人と子供、子供と子供をつなぐ、通訳のような存在でした。

両親の我々にとって必要なことも、ズバリと伝えてくれることがありました。
例えば、「私は自分のことが大好き！　お母さんも、私みたいに、自分のことを好きになって！」等々……。

そして私には伝わる内容でも、一般の人には伝わらない内容を把握していました。
たとえば、「私は神さまの子供だから、大人になったら神さまになる」などです。

少しでも、争いなどのネガティブなエネルギーが入っている映像は、子供向けのものであっても怖がって見ませんでした。

小学校時代になりますと、周りの人の理不尽な行動の意味が理解できず、よく理由を聞かれました。周りの人々（友達も含めて）のネガティブな感情が理解できなかったので、よく質問されました。人々の、内側（内面）と、外に表す言動の矛盾を感じ、それが理解ができないので、質問したり、時には鋭く指摘したりしました。
幼児期よりもさらに、友達関係の中で相手の言動が理解できないことが増えてきましたが、平和的でした。

現在は、調和的な人間関係を自分なりに学び、楽しく過ごしています。

冷静で、寛大で、洞察力があり、客観的に物事を判断できるようになりました。

人間関係もよく、状況判断も俊敏かつ的確にできて行動するため、学校の先生にとっては、クラスにいてくれてありがたい存在のようです。

色に敏感で、鮮やかなもの、美しいものが好きになってきました。

常にエネルギーに敏感で、エネルギーで判断しています。


アカデミーに参加してからは、母である私が、「ティアラがすべてをエネルギーで観ている」ということを理解したことと、固定的な既存の教育観で彼女に対応しないようになったことにより、母子の関係が一変しました。様々な改善点に気づかせていただきました。

ティアラは、自分のようなクリスタルの仲間がいること、すべてを分かり、理解してくれる存在のＡｉ先生と出会ったことで、とても安心したようでした。そして、クリスタルという観点で、世界を観て感じているようです。

晶：息子の宙（六歳）についてお話ししたいと思います。お腹の中に宙が宿った時から、不思議と、大切な人々と出会うようになっていきました。今、振り返ってみますと、まさにその通りだと分かります。

食べ物の好みについては、離乳食時から、添加物の入った物は好みませんでした。天然の出汁を取って、根菜類を煮たものがお気に入りでした。果物や野菜は底なしに食べます。お米が大好きです。大好物は、おにぎりと味噌汁です。先日は、どうやったら保育園にお味噌汁を毎日持っていけるか？　と真剣に考えていました（笑）。煮物や酢の物など、食の好みがとにかく大人びていて、和食が大好きです。

エネルギーで判断しているようで、基本的に外食や添加物が入っているものは好まず、特に敏感になっている時は、私の手づくり料理しか口にしない時があります。

これらの食に関する特徴も、Ａｉ先生によりますと、クリスタルに共通しているとのことでした。

次に、性格や普段の行動についてですが、とにかく明るくて、天真爛漫です。よく笑い、よく泣きます。

人を笑わせるのが大好きで、踊りながら、歌いながら、いつも何かをしています（笑）。

人が大好きで、好奇心が旺盛です。どこまでも伸びやかで、無限の可能性を感じさせてくれます。

人がどう感じて、どんな気持ちでいるかを常に考えています。どうしたら喜んでもらえるかを常に考えています。

とてもやんちゃで、体力は底なしです。海や山、川や野原、自然で遊ぶのが大好きです。星や太陽、月が大好きでロマンティストです。お空の上＝地上に生まれる前や、高次元の出来事（？）などをよく話してくれます。

感受性や創造力がとても豊かで、話す言葉が大人顔負けで、表現力が高いです。

クリスタル・チルドレンの視点は、常に優しくて、他人に対する妬みや悪意がなく、愛に満ちていて、真っ直ぐで、言葉もエネルギーもキラキラしています。

どこまでも愛の存在であると感じます。

一つひとつに常に喜びや楽しみを見出して楽しむ能力が高く、新しい視点や気づきをくれます。

芯はしっかりと強く、強いがゆえに優しいです。

これらの変化は、特にアカデミーに参加してから、顕著になりました。アカデミーに参加後、待ってました！　とばかりに、宙のメッセージが溢れ出してきました。

現在の宙は、私も愛の存在であることを思い出させてくれる道しるべとなっており、意識とエネルギーをクリスタル化していく見本となっています。

宙といると、空間や自身が浄化されるように感じます。私もエネルギーに対してとても敏感になりました。

アカデミーに参加してからの宙との結びつきは、地上の、今回だけの親子としてのつながりだけではなく、もっと深く強いものとなりました。時空を超えた絆が実感できるようになりました。全てがつながっていると感じます。

最近では、宙とエネルギーで会話をしている感じで、私が心で思っていることをいきなり話したりします。

菊香：「クリスタルとは？」の探求・コラボの二回目の部会では、これまでにみんなで探求した内容をより深め、考察し、まとめてみました。

みんなが一致した「クリスタル・チルドレン」の特徴のまとめとしては、「見た目は子供で中身は大人。存在が愛そのもの」でした！

共通する特徴の主なものとしては、「平和的」「博愛主義」「ハイアーセルフとつながっている」「美しいもの、美しいエネルギーが好き」「ピュア」「透明感がある」「エネルギーが軽い」「エネルギーに敏感」(すべてをエネルギーで観て、エネルギーで反応している)「言霊に敏感」(言葉そのものではなく、エネルギーを受け取っている)「正直」「自主性がある」(自分を貫く)「創造性が豊か」「色彩感が豊か」「時間と空間の感覚が特殊」「理解力が高い」などの点で一致しました。

「クリスタルは愛そのものの存在である」と関連した共通見解としては、「愛に基づかない言動や、固定的な既成概念・教育観による言動に反発する」「まずは親がそれに気づくことが重要」などの意見が出ました。

Ai：何回かにわたるクリスタルの親たちの対談、コラボの中で、クリスタルたちの特徴や共通点がかなり観えてきたと思います。東西の自主的な勉強会や交流会もますます活発に行われています。大人の部のアカデミーの中では、「子供たちの成長をサポートするための親の成長」

を進め、クリスタル・プロジェクトとしては、「子供たちの未来のための環境とその創造」の重要な研究会もすでにいくつか始動しています。それらについても、今後、読者の皆さんへ、第二弾、第三弾としてお届けしていきたいと思っています。

クリスタル・チルドレンからのメッセージ

★次は、クリスタル・アカデミーのメンバー（子供たち）自身による、「クリスタルとは？」のメッセージです。

「クリスタル・チルドレンとは？」ティアラさん（十二歳より）（質問はA・i）

ティアラ：クリスタル・チルドレンはみんな明るいです。おおらかで、ほとんど怒りません。毎日が楽しそうで、いつも笑顔がいっぱいです。周りの人に愛と光とポジティヴなエネルギーを分け与え、楽しい気持ちにさせてあげることができます。少し嫌なことをされてもポジティブでいられます。

クリスタルではないと感じる人たちは、暗い顔（不服そうな顔）をしていることが多くて、周りの人たちのエネルギーまで下げてしまいます。何事に対してもあまりやる気がなく、多くのことに文句を言っています。自己中心的で、でもそれに気が付いていなくて、何を言っても無駄です。すべて自分が正しいと思っています。思う通りいかなかったらすねてしまって、話をすることができなくなります。他人の悪口を言ったり、他人の不幸を見たりして楽しんでいます。

Q1：クリスタルではないと思う子供たちも変わることはできると思いますか？

ティアラ：クリスタルではないと思う子供たちも、変わることはできると思います。

Q2：どうすれば変われると思いますか？

ティアラ：変わるためには、自分の意識を高めなければなりません。でも、意識を高めるのはとてもむずかしいので、周りにいるクリスタルに愛と光を分け与えてもらい、サポートしてもらうといいと思います。

Q3：実際に変わった例はありますか？

ティアラ：具体的なサポートをしてもらって意識が高まった人はまだいませんが、クリスタルとすごす時間が増えて、少しずつでも考え方が変わってきたり、明るい顔をしている時間が増えたという人も多いです。これからも、みんなの意識が高まるようにサポートの方法を考えて、がんばります！

Q4：「意識を高める」とは、どういうことだと思いますか？

ティアラ：自分の考えを変えていき、ハイアーセルフとつながっていくことだと思います。

Q5：「意識を高める」ことが、なぜむずかしいと感じるのですか？

ティアラ：意識が低い人は、意識を高めようとすると、嫌がるからです。ですから、ただポジティブに接することしかできません。でも、だんだん意識が高まっていくと、少し意識を高めてあげるための言葉も通じるようになると思います。

Q6：どのようにすれば意識が高まると思いますか？　できるだけ具体的にお願いします。

ティアラ：自分で自覚して変わっていくのが一番速いですが、自覚するのは難しいので、クリスタルが自覚できるようにサポートしてあげるといいと思います。具体的には、悪口や不平を言っている人にも、ポジティブな見方ができるような返事をするなど、ポジティブなエネルギーを送ることです！

Q7：「高い意識と低い意識」について、現在ティアラさんが持っている考えはどのようなものですか？　できるだけ具体的にお願いします。

ティアラ：波動が高いか低いか、良いエネルギーか悪いエネルギーかだと思います。例えば、意識が低い人と話している時にはいい気分になれなかったり、印象が悪かったりします。逆に、意識が高い人は、だれに対しても同じ接し方をし、印象もよく、みんなに人気がある人が多いです！

意識が高い人は毎日楽しいですが、意識が低い人は、毎日嫌なことばかりおきます。意識とは、その人の持っている考え方や感じ方だと思います。

これが、人それぞれのエネルギーをつくっているのだと思います。

低い意識の人の考え方は、とても強くて変わるのがむずかしいです。何を言ってもはねかえされるような固い感じです。

これまで、そんな人たちと接してきて、そう感じます。言葉では通じないと思います。愛と光のエネルギーは受け取っているようですが、本人たちは気づいていません。

Ａｉ：ティアラさん、ありがとう！　とても科学的な観察からの見方と感じました。

そしてとても重要なこと、本質的なことがたくさん含まれていますね。

★次に、ティアラさんと、お母さんの菊香さんで対話をしていただきました。

「ティアラさんから観たお母さんについて」(質問項目はＡｉ、質問者は菊香さん)

Ｑ１：ティアラさんが生まれる前、または物心がついた時から、どのようにお母さんを観て、感じて、どのような影響を受けましたか？

ティアラ：物心がついた時から、お母さんは必ずいつでもそばにいて、見守ってくれていました。私のことはすべて知っていて、理解してくれている。受け入れられていると感じていました。お母さんは、この世の中のことは何でも知っていて、何でもできると思っていました。今はそうではないことを知っています。お母さんが知らないことがあるとわかった時は、とても驚きました！(笑)

お母さんはいつも、私に必要な情報を与えてくれていました。お母さんといると、とても安心していられました。疑問に感じたことや知りたいことは、すべてお母さんに質問して、解決していました。お母さんは、その日のスケジュールもしっかりと伝えてくれていて、私は、自分が今何をすべきかを考えて行動することができました。

どんな場所でも、事前に「危険なこと」と「人の迷惑になること」を、しっかりと教えてくれました。しかし、それ以外のことは、なんでも自由に、制限なくさせてくれていました。ですから私は、いつも自分のやりたいことをして経験し、やってはいけないことも、止められるのではなく、我慢するのでもなく、自分で判断して行ってきたのだと思います。知らなかったことで、注意を受けて教えてもらうことがあっても、叱られることがなかったので、素直に受け入れられたのだと思います。

お母さんはわたしを完全に信頼してくれていて、私はお母さんを完全に信頼していました。

今、私が、どんな場所でも適応して、自分が何をしたらいいのかを的確に判断して動けるのは、必要な情報を与えて、すべてを私に任せて見守ってくれていたお母さんのおかげだと思います。

そして、私が今、自分を完全に信頼できるのは、お母さんがどんな時も否定せずに、私のことを完全に信頼してくれたからだと思います。

Q2：お母さんのどんなところが好きですか？

ティアラ：優しくしてくれて、たのもしくて、私の意見を落ち着いて聞き、受け入れてくれるところです。

Q3：もう少しこうしてほしいということはありますか？

ティアラ：幼い時のように、私のことをどんな時でも完全に受け入れて、観ていて欲しいです。今は、忙しい時などは、すべてを受け入れる優しいエネルギーではなくなるので、弾かれた感じがして、とてもさみしいと感じます。

Ai：菊香さんという素晴らしいお母さんがいるからティアラさんがいる。そしてティアラさんという素晴らしいクリスタルがいるから、菊香さんがいる、という感じですね！

「菊香さんから観た、ティアラさんとの《親子でアセンション》について」

菊香：妊娠前から、私は天に向かって、「親子で一緒に成長（アセンション）していけるお友だちと、一緒に降りてきてね！」と伝えていました。妊娠してすぐに、すごく強いエネルギーが自分に流れ込んでくるのを感じました。妊娠中は、自然に導かれるように、クリスタル・チルドレンを生み育てるために必要な情報を得ていきました。今考えると、お腹のなかにいるティアラがテレパシーで、「自分はクリスタル・チルドレンで、新しい地球を創るために生まれる」と伝え、そのために母親である菊香が何をすべきか？という教育をしてくれていたのだと感じます。

生まれてすぐのティアラは、あらかじめ考えていた名前のうちの一つを自ら名乗り（テレパシー）、私に美しく強い光を放つ目で、挨拶をしてきました。この時に、ティアラは、赤ちゃんという体の中に入っているけれども、とても叡智に満ちた崇高な魂であることを理解しました。

私は、この子をお預かりしているに過ぎず、この子の使命がまっとうできるように、サポートしていかなければならないと、強く感じました。

その後は、ティアラから、身体機能的にも、はやく自立したいという想いを強く受け取り、彼女が自立するために必要な知りうる限りの最大限のサポートを行いました。彼女の伝えたいことは、言葉はなくても手に取るように理解でき、逆にティアラも、こちらの伝えることは理解していることがわかりました。その当時は気づかなかったのですが、自然にテレパシーによる交流を行っていたようです。

幼いころのティアラは、叡智に満ちた崇高なる魂でありながら、ピュアで愛らしく、癒しのエネルギーを放っていると感じていました。二十四時間ティアラと過ごし、そのエネルギーに触れていることで、私はとても癒されて、エネルギーが上がって（アセンションして）きたと感じます。ティアラは私（母親）にべったりで、ひと時も離れなかったのですが、これは、彼女の問題ではなく、自らのエネルギーで、母親である菊香のエネルギーを上げて、アセンションに導くためであったのかもしれません。

そのように考えると、母親である私は、三次元社会にクリスタル・チルドレンであるティアラが、本来の自分のエネルギーで過ごせるようにサポートをして、クリスタル・チルドレンであるティアラは、三次元社会での生活で下がってしまった母親のエネルギーを上げるためのサポートをしてくれている。これが、親子でアセンションの構図のような気がします。

まもなくティアラは中学生になります。あどけない可愛さはありませんが、幼少期とは違った形で、母である私にエネルギー的なサポートをしてくれます。ティアラは愛そのものの存在であり、私が愛以外のエネルギーを発信していると、良い反応をしないことで、「愛でない」と、教え気づかせてくれます。愛１００％に母親を導く羅針盤的存在となっています。

私とティアラの間には、完全なる信頼関係が成立していて、現在も会話よりも、テレパシーで理解しあっている感じです。

ティアラが生まれた時から、魂レベルでの強いつながりを感じます。菊香にとっては、親子でアセンションの素晴らしきパートナーです。

すべての親子の関係は、三次元的な観点を超えて、親子でアセンションという観点から観ると、とても素晴らしいチームとなっているはずです。

クリスタルの存在は、愛そのものです。そう、あなたのお子さんも愛そのものの存在です。三次元的にそのように観えないと感じておられるとしたら、あなたに愛１００％になってもらうためのメッセージを送っているのかもしれません。

「ねえ！　お母さん（お父さん）、愛そのものである僕（私）たちを観て！　アセンションするためには、愛１００％になることが必要なんだよ！」と……。

★次は、あさひちゃん（三歳）のお母さんのはるかさんとAiの、アカデミーでのコラボレーションです。

「クリスタルを育む」

はるか：Ai先生、皆さまこんにちは！　私とあさひのクリスタル・プロジェクトのブログの方向性が、アカデミーでのご指導、打合せにより、ようやく定まってきました。

クリスタル自身のアセンションや、発信のサポートはもちろんのこと、最近は親の意識や周りの環境がクリスタルにとても影響していることを実感するようになりましたので、皆さんの参考になるように、楽しくがんばって展開していきたいと思います！

これは、「クリスタルを育む」というテーマのブログのコンテンツです。

クリスタルとともに生活をしていて、特に最近感じる重要なことは、クリスタルが元々持っている愛と光を出していけるように、周りの大人がサポートしながらともに成長をしていくことだと思います。それに伴って、地上で生活していく上でのルールと、人としての心の成長のサポートをしていくことの大切さを感じるようになりました。

私自身まだまだいろいろと試行錯誤中ですが、そうしたことについて実感しています。

今までは、あさひは何でも潜在的に知っているから、私なんかがあれこれ言うもんじゃないという思いもありました。しかし、クリスタル自身がこの地上で、愛と光を伝えていけるようにサポートすることと、地上のルールを守ったり、人に迷惑をかけないようにすることは、とてもつながっていると思うようになりました。

アカデミーや、様々な状況から学ばせていただいていることでもあるのですが、まずは私自身が、いつも愛を持ってあさひと接するようになったことにより、一見厳しいと思うことでも繰り返し伝えていくことによって、信頼関係ができてきたのです。

本当に信頼することと、好きにやらせることは違うんだな、と思うようになりました。

最近は、反抗期なのか、「わがままちゃん」になっていて、「どうしていったらいいかな？」「私の方向転換が必要なんだろうな」、と感じていたことも一つのきっかけです。

年齢的にも、今は自我の発達の段階でもあり、「しかたない」と思いつつも、それだけではなく、「きちんと見守ること」が必要なんだなと。

今という時期は、クリスタル自身が持っている愛を伸ばしていく上で、とても重要な時期でもあるということなんだな、と気がつきました。

元々持っているクリスタルのすばらしいエネルギーを伸ばし、サポートすることと並行して、地上でのルールを含めサポートができるように、楽しみながら、ともに、愛を創造していきたいと思います！

Ai：はるかさん、このブログのコンテンツは、とても重要なテーマですね！　ぜひこれをじっくりと展開し、実践し、考察し、継続的にまとめていってください。とても重要なものになると思います。

最新の教育学でも、小学校に上がるまでは、「ＬＯＶＥ・ＬＯＶＥ」の環境がベストであるとされており、そして、小学校に上がったら、「責任を持たせる」「責任を取らせる」教育へのシフトが重要と言われていますが、私もまさにそう思います。小学校へ上がるまでは、ベストかつ安全な環境となるように、やはり親が心を配ってあげる必要があると思います。

はるか：次のコンテンツは、最近の、あさひとの出来事の中での気づきについてです。

あさひは会話もまだまだおぼつかないと思っていたのですが、最近特に感じることは、アカデミーでの指導のように、のびのびとできる環境を創ってあげて、信頼・尊重・愛を持って、大人と同じように接すると、話の内容がちゃんと通じることが多くなったということです。会話の内容をイメージで伝えてみると、より伝わりやすいように思います。

そうすると自然に「子供扱い」ができなくなり、そんな体験をしていると、実は、「大人も子供も一緒なんだな！」「コミュニケーションは、目に見えるものでやっているのではなく、本当にハートとハートで行っているんだな！」って感じるんです！

ハートとハートが響きあうと、とても心地よく、幸せになって、その幸せが広がっていきます！


さらにもう一つの気づきについてです。最近、あさひは気に入らないことがあると、奇声を発したり、叩いたりします。私は最初はそれを「いけないこと」と思い、注意をしていたのですが、ある方が「いろんなことを試している時期なので、これをここまでやったらどうなるのか？　周りの反応はどうなるのか？　を試しているんだね」とおっしゃっていて、なるほど！　と思いました。

「子供は純粋」ってよく言いますが、行為が、大人から観て一見は「だめ」なことでも、本人なりの正当な理由があるのだと思いました。

頭ごなしに地上のルールを押し付けるようなことは無意味であり、意志を尊重した上で、地上でのルールも繰り返し伝えてみると、分かってくれるようになりました。

ほんとに純粋で素直ですね、子供は！（大人も本当はそうですよね！）
だから子供は、ありのままに存在するだけで、みんなに気づきを与えるんだなと思います。

Ａｉ：とても重要な気づきの内容であり、クリスタル・アカデミーのテーマそのものですね！

魂としては地上年齢は関係ないと言えますが、地上年齢は、そろそろ確信犯！？（笑）になってくる時期ですね。それもコンテンツによく表れていると思います。

アカデミーのグループ・セッションなどでもお伝えしているように、特に十歳くらいまでは、子供の本質＝魂の本質そのものの性質がよく現れている時期です。

魂の本質とは、光であり、「歓喜」であると言えます。

ゆえに、特に十歳くらいまでの子供の行動の基準は、「楽しい」か否かであると言えるんですね。

自力で判断ができ、適切な対応ができる年齢になるまでは、地上での危険なことなどについてはしっかりと言い聞かせたり、親が環境に気を配ってあげる必要がありますね。

はるか：なるほど！！！　それを聞くととても納得します！

「楽しい」か否かで行動しているんですね！

そして同時に子供が神聖な感じがするのは、魂のエネルギーそのものだからなんですね！

ありがとうございます！

いつもあさひやクリスタルと接していると、ワクワク楽しい魂のエネルギーを思い出します！


Ａｉ：そうですね！　子供は、魂の本来の姿、本来のエネルギーの見本ですから、接していると大人も思い出すのが「ワクワク」「好奇心」「探求心」「遊び心」「神聖」「歓喜」「感動」。

そして、本来の魂のエネルギーが活性化していく。

神社などでも、古来より、子供たちが神聖なポータルの巫女、巫子として神事に参加していますよね。

それは純粋な魂であるからだと思います。

そして実際に、赤ちゃんや子供は、魂の本来のパワーが大きく、光（フォトン）をたくさん発しています。

赤ちゃんや子供たちと接すると、素直な気持ちになり、自然体となり、ハートと魂が活性化していく感じを、多くの大人が経験していると思います。

魂は生命の源でもありますから、元気になり、活力も湧いてくるということですね。

はるか：本日、あさひが三歳を迎えました。あらためてあさひを観察し、一年間を振り返ってみました。

まずは見た目。背が伸びたり、会話もいっぱいできるようになりました。それに加えて、目に見えないエネルギーというか、生きる力のような、「生命の可能性」「輝き」「美しさ」がどんどん明確に強くなり、くっきりと、かつ繊細になっていることに気がつきました。

アカデミーでの学びなどにより、私が、一年前に比べて、「本来のあさひ」に気がつくようになったということもあると思いますが、あさひ自身も進化しているんだと思います。

見た目は小さいですが、地上のルールに慣れていないだけで、やはり中身の本質＝魂などは大人と同じだと感じます。自分のやりたいことを着実に進めているという感じがします。

あさひを観ていると、目には見えない「純粋な愛」の力が、すべての「愛」と共鳴し、「愛」がより深く根付き、広がっていく力になる！　それを感じずにはいられません。

日々毎瞬、より地球に愛と光と幸せが拡大するよう、みんなで創っていこう！！！

そう思いました！

Ai：あさひちゃん、三歳おめでとう〜〜〜！！！　あさひちゃんとのこれからの実際の会話も楽しみです。これまでは、あさひちゃんのハイアーセルフとの対話が主で、それを通してはるかさんとも進めてきましたが、これからは、あさひちゃんの地上セルフとのコラボレーションも始動ですね！　ワクワクします！

「ハートのコラボレーション」

はるか：今日は、「ハートのコラボ」というテーマで、あさひとのコラボのコンテンツを創りました。最近は、「あさひのしたいこと」をまずはよく感じた上で、コラボをするようにしています。

そして今日は、あさひが「ハートについてお話をしたい」と感じたので、あさひと「ハート」について会話してみることにしました。

はるか：ハートってどこにあると思う！？

あさひ：……！？

はるか：ココ（胸の中心）だよ〜。

あさひ：ココ！？

はるか：そう！　あさひのハートとお母さんのハートは繋がっているんだよ〜。それでね、み〜んなともつながってて、みんなひとつのおっきなハートになってるのを感じるよ！　あさひはそれを知ってるんじゃない……！？

あさひ：うん（うなずく）。

はるか：それからのあさひは、よく「ハート」の形を作ったり、言葉にしたりします。私がよく「ハート」について話す、ということもあると思いますが。

そして、最近は、よくあさひのハートを観て、ハートで会話するようになりました。

皆さんも、ぜひやってみてください！　親子の関係に、何か変化を感じるかもしれません！

昨日は、あさひがよく遊んでいるお友達にもハートのエネルギーを感じたので、ハートとハートで会話してみました。

実は言葉がいらないことも多いのですが、私の実体験としては、まずはこちらからハートの「愛」のエネルギーを贈ると、そのうちに、相手からも返ってくるのがわかります！

今までは、その子が行っている行動を理解できないと思っていたのですが、その子の気持ちがわかるようになってきました！

そして、確実に少しずつ、ハートを開いてきてくれるのを感じています。

みんなとは、真にハートで繋がっているんですよね！

そして、ハートとハートでコミュニケーション＆コラボすると、その人の本質と本質でコミュニケーションできるんだな、ということが分かります！

逆に何か理由があって自分のハートを閉じてしまうと、子供のことや、みんなのことも分からなくなります。

それが孤独感でもあり、人間関係がうまくいかないと感じる原因なのですね……。以前はよく感じていました。

みんなは、「ハート」で「ひとつ」になるんだな〜と、今、しみじみ実感しています。

「愛」でひとつなるんですね！

Ａｉ：とても重要な内容ですね！　子供は特に三歳くらいまでは、ほぼ１００％、エネルギーでのみ感じ、考え、行動しています。ですから子供とのコンタクトは、その訓練に最も適していると言えます。テレパシーや心話も、そのまま伝わります。

そして最も重要で、子供が最も敏感に、ダイレクトに反応するのは、やはり【愛】です！！！

皆さんもぜひ、ハートから、心から、魂からの【愛１００％】のエネルギーを贈ってみてください！　そして、観察してみてください。

いずれにしろこれは、子供へ向けても、大人同士でも、最も大切なことですよね！

そして子供たちは、まさに生まれながらに、本来の人の本質として、ハートと魂が活性化していますから、それを忘れかけた大人も子供に向かっては開きやすいと言えます。

★次は、クリスタルたちからのメッセージです。

「クリスタルのヴィジョン」みわちゃん（四歳）より（質問事項はアカデミーでのテーマ）

Q1：クリスタル・アカデミー参加の目的はなんですか？　将来、どういうことをやりたいですか？

みわ：わたしは、地球に生まれる前に、ママと一緒に学ぶことを約束してきました。二人でひとつのチームとして学び、ライトワークしたほうが、もっと貢献できるからです。

また、ほかの子供たち、そのママたちのアセンションを助けたいという想いも同じです。

わたしもママも、クリスタルの仲間たちと一緒に準備して、学んできたからです。

Q2：みわちゃんのミッション、生まれてきた目的はなに？・何のために地球にきたの？

みわ：今回、地球のアセンションが、とても大きな学びの機会になることはみんな知っていて、みんな地球に来たいって思っていました。

わたしもそのことはとても凄いことだと思うけど、一番の目的は、地球をアセンションさせることです。

宇宙では全ての時間が同時に見えるので、アセンションした地球も宇宙もあります。

でも、今ここの地球がアセンションできるかどうかは、ここに体を持って生きている日戸（人）次第です。

わたしもママも地球が大好きなので、仲間と一緒に地球をアセンションさせたい、地球維神をやりたいと志願してきました。宇宙に奉仕するという、魂が一番喜ぶことをできるからです。

みんなのためになることをすることが、魂にとって一番嬉しく楽しいことなのです。

誰かに喜んでもらえると、とっても嬉しくなるのはそのためです。

宇宙のお母さん、お父さんと、兄弟たち、仲間たちと一緒に地球維神をやろうと約束して、そのためにずっと準備と勉強をしてきました。

みんな宇宙のお母さんとお父さんの子供だけど、宇宙の家族のみんなは、地球維神のために送り出された維神の志士です。

宇宙の家族や日本人が偉いとかじゃなくて、そういう役割でやろうねっていうことです。

外国の人も、日本人がまずは目覚めて、それと共鳴していくっていう役割を持っています。だからみんな大切な役割があって、一人ひとりが役割を果たせば、地球は絶対にアセンションできます。


わたしは、魂は役割を知っているのに、目覚めていない人たちをサポートしていきたいです。

わたしがわたしらしく、楽しいと思うことをしていけば、周りの人にも伝わって、みんなの魂のパワーがどんどんアップしていきます。

エゴという、人の中にあるもう一つの心は、魂が目覚めると自分は消えてしまうと思って、目覚めるのを邪魔します。

でも、楽しいことや、ワクワクすることをしていくと、魂がどんどん元気になって、エゴも魂を抑えきれなくなります。それはとっても楽しくて素晴らしいことです。

だから心配しないで、エゴにも大丈夫だよ、って言ってあげて、一緒に楽しいことをしましょう。

みんなが手を繋いで、笑顔で進んでいくのがアセンションです。悪者はいないんです。悪者だと思っていたエゴだって、自分の愛から生まれているんだから。ただちょっと向いている方向が違うだけ。一緒に歩いていこうね。

自分にも、みんなにも優しくしてあげようね。そして、笑顔がいっぱいで、みんなが優しく喜んでいる地球にしようね。

（メッセージ&文：みわ　編集：沙那〈母〉）

「クリスタルとは？」真瑠さん（八歳）より

真優：皆さん、こんにちは！　真瑠（八歳）と、母の真優です。真瑠が、「クリスタルとは？」

の絵を描きました！

Ａｉ：すごいですね！！！　ハートがいっぱい！　ハートそのもの、愛そのものなんですね！

真優：はい、これが真瑠からの「クリスタルとは？」についての絵とメッセージであるとのことです！

そして言葉で表すと、**【愛】**であるとのことでした！

Ａｉ：真っ赤なかわいいハートの集合体。クリスタル連合、愛の連合、愛の集合体の絵なのですね！

「愛と光のメッセージ」翔くん（十歳）より

翔：みなさん、こんにちは！　かけるです。愛と光のメッセージをかきました。
みなさん、どーぞよろしくおねがいします。

「愛と光のメッセージ」　翔

ぼくたちは……やさしい愛と、かがやく光で、いっぱいです！

Ａｉ：翔くん、すばらしいエネルギーとメッセージですね！　そして、そのとおりですね！
日々、毎瞬、ますます愛と光の使者になっていますね！　（翔くんは今、西日本のクリスタルの、クリスタルたち自身による自主的な学びのワークショップのリーダーの一人です）

★次は、クリスタルのまま大人になった、二十代の明緒さんからの「エネルギーとは？」についてのメッセージです。クリスタルの感じ方がよく表れていると思います。

「エネルギーとは?」明緒さん(二十代)より

エネルギーとは「愛」。実は、周りにあるもの全てが愛なんだよ。宇宙、地球、人、植物、鉱物、全てのものが愛。

エネルギーってね、見えないけど明確に存在して感じているもの。発現して、共鳴して、感じるものだよ。みんな、無意識に感じているんだ。

一緒にいて心地よかったり、落ち着いたり、愛おしかったりなど感じるでしょ? それもエネルギーを感じているってことなんだ。

感情もエネルギー。嬉しい、楽しい時は、周りにも感染して、みんなが楽しく嬉しくなるでしょ? 相手を笑顔にすることが生きる活力になるんだ。みんなの笑顔が好きだし、美しいから。

笑顔も愛なんだよ。みんなの笑顔を見ていると幸せになれる! だから常に愛と、ポジティブなエネルギーを持っていることが大切だね。自分のエネルギーが相手に伝わってしまうから。

まずは、自分から愛のエネルギーを出すことが大切。エネルギーは繋がっているから、人のエネルギーで、場所のエネルギーも同調して変わるんだ。

愛を出し惜しみせずに、ただただ出すんだよ。自分が出したエネルギーが何倍にもなって返ってくるんだよ。自分が愛のエネルギーを出せば、愛のエネルギーが返ってきて、感じることができるし、逆も然りだね！

それは、宇宙の法則で「与えたものが返ってくる」ということ。どうせなら愛を選択して、発現していったほうが自分も周りも幸せだよね！

自分が愛になれば、周りに愛が溢れていることに気がつくよ。どんな小さなものにでも愛ってあるの。それを探すのもとってもワクワクして楽しいし、幸せだよね。

そしてね、言葉にもエネルギーって入っている。それは「言霊」！「愛してる」「大好きだよ」「ありがとう」という言葉を言われると、胸がキュンってして、ハートが温かくなって、とても嬉しいでしょ？

それはね、この言葉に愛のエネルギーが入っているから！だから常に愛とポジティブな言葉を選択して使うことが大切だね。そうすれば周りの人も場所も和んで、幸せになるから。

相手が喜んでいたり幸せそうだと、自分まで幸せになるよね。

いつも人がどうしたら喜んでくれるか、幸せになれるかをお互いが考えている世界になったら、本当に愛と光の世界！　そういう世界がいいな。

エネルギーは創造されるもの！　常に感謝と愛の思考を持っていると、実際にそれが現実に創造される。思い描けることは、全て実現可能なんだ。

現実は、全て自分で作り出している世界。だから常に愛とポジティブな想像をしようね！


愛って普遍で無限に拡大していくもの。無限大の表現方法があるんだ。

地球や人のために動く時は、自分のことだけの時より、力が湧いてきて頑張れるよね。

役に立てたら嬉しいから。愛を広げていくことで、全ての人が、全てのひとを愛しくなり、みんな、幸せだよね。


頭で難しく考えずに、ハートで感じることが大切なんだよ。だってね、頭で考えるとエゴが入ってしまったり、困惑することもあるけど、ハートで感じたことは、魂からのメッセージだから間違いないんだ。

それに従っていけば、きっと何でもうまくいくと思うよ。

エネルギーって一方的に受け取るものではなく、自分から発現して共鳴して感じるもの。

自分から出さないと感じることはできないんだ。

自分のなかにあるエネルギーを感じることができるんだからね！

まずは自分から、愛のエネルギーを勇気を出して発現してみよう。

宇宙の法則、「与えたエネルギーが還ってくる」という法則は本当で、自分から愛のエネルギーを送ると、ありあまるほどの愛が還ってくるよ。ただし見返りを求めずに、ただただ与えることが大切。

植物や動物にも愛のエネルギーは伝わるよ。植物さんに声をかけてあげたり、愛情を注ぐと、とてもおいしく立派に育つし、動物にも愛を送ると精一杯返してくれる。

植物や動物ってね、とってもエネルギーに敏感なんだ。言葉は通じないかもしれないけど、エネルギーで全て伝わっている。家の猫や犬を見ているとそんなふうに感じる。

「愛してるよ!」っていうと、喉を鳴らして喜んでくれたり、シッポを振ってくれるから。エネルギーを感じるには、ただ何もせずに待っているだけではなく、自分から与えることが大切だね!

実はあなた自身は、愛と光そのもの。それを発現して与えればいいんだよ。

愛の表現は無限大！　全てが愛！　あなたも愛！　みんなありがとう！

Ａｉ：さきほどの真瑠さんの絵のような、愛の連合からのメッセージという感じですね！！

★次は、九州在住の宙くん（六歳）とお母さんの晶さんの日記です。素敵なメッセージや言葉がちりばめられています。宙くんのお母さんの晶さんが、日々、クリスタル・アカデミーに投稿してくれています。

「宙くんの日記」

晶：宙は幼い頃から、たまにお空の上のことや、神さまのことを話したり、不思議なところがある子供でした。約一年前にＡｉ先生のアカデミーとのご縁を頂き、それが宙の最初のアセンションへの扉を開いたようです。私が学びを深めていくのに比例して、宙の進化も始まりました。空を見上げては、「龍神様が微笑みかけているよ」とか、心や愛のあったかさなどを口に出して話してくれるようになりました。「言霊」「色のエネルギー」「笑い」「感謝」「愛」などについても、話をしてくれています。

アカデミーの九州校でのメンバーの勉強会・交流会へ向かう道中では、「ママ、家族ってね、僕とママだけじゃなくって、みんなみーんな家族なんだよ！　うれしいね！」と話していました。宙なりに感じるものがあったのでしょう。

そしてＡｉ先生の個人セッションを親子で受け、さらに大きくシフトしました（セッション中、地上セルフの宙は別室にいましたが、ハイアーセルフがエネルギーで参加していました）。

それ以降、宙は「今一番地球に必要なのはね、根源の愛と光と希望と浄化なんだよ」と一生懸命に伝えてくれます。

今日も保育園へ向かう車中で、「ママ、言葉には色があるって言ったでしょ？　あとね、色だけじゃなくて、魂も入っているんだよ。心の一部も入っているんだよ。だから言葉は大事！」と教えてくれました。


そして宙の変化を感じたもう一つは、アカデミーに参加する前までは、いつも「僕はママのことが大好きで、ママを守りたいから生まれてきたんだよ」と言っていたのですが、今は、「ママにはたっくさんの（アセンションの）家族がいて、楽しそう！」と言っています。胸が熱くなって、思わず涙がウルウルでした……。
思い返すと、宙がたくさん大事なことを話してくれるようになったのも、アカデミーに参加してからでした。親子でのアセンションは、かくも素晴らしい魂の絆を実感させてくれます。宙のこれからの進化に向けて、ますます気愛MAXです！

二〇一一年二月二十九日

晶：宙は今日も元気一杯！　自然が大好き。人が大好き。甘えん坊でやんちゃです。今日は、生まれる前のお空の話をしてくれました。神さまは、宙から観ると、虹色をしていらっしゃったそうです。その他についても、宙にインタビューをしてみました。

晶：宙くん。ママと一緒にお勉強していくんだけど、地球や人に大切なことって何だと思う？

宙：地球には愛と光で、人には命と力だよ。

晶：なるほど！　そうだよね！　では愛ってどんなのかなぁ？

宙：心が優しくなって、ポカポカしてくるの！！！

晶：そうだね！　では、人の力ってどんなものだと思う？

宙：優しさだよ。いやなことをされても、やり返ししない心だよ。

と言っていました。これから、ますます、親子に、宙に、どのような学びがあるのか！？

親子共々ワクワクドキドキです！

Ａｉ：晶さん、宙くん、アセンション・クリスタル家族へようこそ！　さっそく、素晴らしい日記ですね！　宙くんのハイアーセルフからのメッセージでは、宙くん＆晶さんの重要なクリスタル・プロジェクトのミッションとして、真の宇宙の高次＝宙《そら》のこと、その最も大事なことについてなどを、みんなに伝えていくことであるというメッセージが来ています！

まずは自由に、いろいろと親子の対話やコラボレーションをしてみてください。

今後の、愛と光の宙《そら》での、宙くん、晶さん、そして皆さんとのコラボを楽しみにしています！

二〇一一年三月九日

晶：今日、宙が私に伝えてくれたメッセージについてです。宙とドライブをしていたら、突然、宙が次の話を始めました。

宙：ママ、みんなは言葉を透明だと思ってるよね。観えないと思っているでしょ？

晶：言葉って、色があるの？

宙：うん。言葉ってエネルギーの「元」、かたまりだよ。いい言葉はみんなにひろがるの。まるくて、つながるの。虹色や銀色。きみどりとかね……。たまに金色もあるの。

晶：へ〜！　そうなんだ！　全部の言葉がそうなの？

宙：ううん、ちがうよ。わるい言葉はくろい。みじかくてつながらない。人と人がつながらない。ときどき銀色のグシャグシャのもあって、そうすると、のどがガラガラになるよ。

私には、言葉のきみどりはハートチャクラの基本の色では？　と感じられました。実際、宙が話していた時に、ハートの部分に手をあてていましたので。Ａｉ先生のクリスタル・アカデミーに参加してから、彼自身のエネルギーが安定してきたようです。私とのつながりも、明確になってきたように思います。

Ａｉ：宙くん、晶さん、素晴らしいですね！　とても重要な内容であり、「言霊」についてですね！　このテーマについても、ぜひ、日々少しずつ、継続的に対話とコラボを進めてみてください。各色とエネルギーの特徴についても、少しずつ、ぜひ探求してみるとよいでしょう。

二〇一一年五月十日

晶：今日の保育園での出来事です。宙を迎えに行くと、保育園の先生方から、「今日、宙君は素晴らしいことを言ってくれたんですよ。みんな、感激してしまいました」と言われ、内容を聞いてみました。食事の時間に誕生日の子供さんがいて、「みんなで誕生日の歌を歌いましょう！」となった時、宙がお友だちのみんなに向かって、「みんな！　〇〇君に心をこめて『おめでとう！』って歌おうね！」と呼びかけ、とても素晴らしいエネルギーとなり、先生方も感激したとのことです。後で宙にも聞いてみました。

晶：宙くん。心をこめて歌うと、やっぱりお歌も違ってくるのかな？　宙くんはどうしてそうしたいって思ったの？

宙：〇〇君が喜んでくれると思ったの。心をこめた歌って、きらきらで、きれいな声になるよ。心がうれしくなって、気持ちに届くよ。

晶：だからみんなに「心をこめて歌おうね！」って言ったの？

宙：うん！　みんながバラバラだとつたわらないから。心に届かないから。

と教えてくれました。日々新たな気づきをくれます。思い返してみると、宙は、どんな小さなことにも必ず「ありがとう」と言い、私たち大人が見過ごしてしまいがちな事柄にも感謝すべきものがあると教えてくれます。「中今《なかいま》の心」というのでしょうか。

彼の中今のミッションは、Ａｉ先生がおっしゃったように、言霊について伝えることではないかと改めて感じました。

Ａｉ：宙くんのこうしたコンテンツを私の母に見せたら、とても感動していました！　みんなにもとても伝わりますね！　そしてその源は、やはり「愛」ですね！

二〇一一年五月十二日

晶：今日は朝から宙が、「笑顔」「笑い」について話をしてくれました。今朝、保育園に行く車中での対話です。

宙：ママ、そらくんね、お友だちみんなに笑ってほしくて、たくさん楽しい絵を描いたり、楽しいことを言ったりするの。そうしたら、みんなうれしくなるでしょ！

晶：そうだね！　楽しい笑顔って、大切で幸せなことだよね。

宙：みんな心が楽しくなるもんね！

晶：笑えるってすごく幸せなことだから、いっぱい笑って、みんなで楽しく遊ぼうね！

……すると、なぜか宙は、急に外を向いて静かになりました。どうしたのかと思って尋ねると、こんなことを言いました。

宙：ママ……。ぼく昨日ね、いい子じゃなかったの。

晶：どうしてそう思ったの？　ママに教えてほしいな。

宙：ぼくね、昨日、お友だちが人のわるくちを言って笑っているのをみて、いっしょに笑ったの……。

晶：そっか。でも宙くんは、心でいけないいって感じて、いやな気持ちになったんだよね。心でいけないいって分かっていたら大丈夫だよ。今度からはもしそんなことがあったら、勇気を出していけないいことだよって伝えてみようね。

宙：うん！　ママ、ぼくそうする！

そして、元気に登園していきました。それから、今日のお迎えの時です。

宙：ママ！　今日ね、ぼくきんちょうしたけど、泣いているお友だちを笑っていた○○くんに、だめだよって言えたよ。そしてみんなで笑って遊んだの！！！

と、お迎えに行くやいなやすぐに教えてくれました。言葉の大切さを理解している宙だからこそ、感じ得た感覚だと思います。笑いにも、幸せな笑いと、そうではない笑いがある。そしてその笑いのもつ力や波動について、あらためて伝えてくれた出来事でした。

Ａｉ：まさにその通りですね！！！

二〇一一年五月十四日

晶：今日は、宙が、お空の神さまについての話をしてくれました。先ほど、一緒にお風呂に入っていた時です（動物番組で、病気で天国に行ってしまった犬の物語を見て、その後、一緒にお風呂に入りました）。

宙：ママ、天国に行った犬はさみしくないね！

晶：そうだね。お空にはだれがいてくれるのかな？

宙：神さまと、しほちゃん！　だからだいじょうぶだよ。

（※しほちゃんとは私のお腹の中で、そのまま神さまのもとに還っていった、宙の妹だったクリスタルです）。

宙は、今でも時々、突然空を見上げては、「しほちゃーん！　おにいちゃんだよ！　と、空に向かって手をふっています。そしてしほちゃんからのメッセージも伝えてくれます。お空にいた時は、二人で手をつないでいて、一緒に私を観ていたのだそうです。

宙：しほちゃんには、ぼくのいとこの神さまがついているよ。ママにもママの神さまがいるよ。そして日本、東京、名古屋とかにもいて、天国の神さまのお名前は、「ロード・サッド」（ロード・キリスト・サナンダ？）っていうの。神さまたちは、いろんな神さまともお勉強しているの。そして神さまたちは、みんなの心が大好きで、観ているの。

Ａｉ：なんか連動していますね！　今日は私も、ほぼ同じ時刻に、三歳半の甥と車に乗っていて、いつものように「しりとり」（彼は大人レベル〈？〉なのでこちらも本気！）で楽しく言葉の勉強をしていたら、甥が突然、「ぼく、天国に行きたいの〜！」と。「へっ！？」と思って、「天国には誰（何）がいるの？」と聞いたら、「神さま〜〜！！　黄色とかね、黄緑とかの光の」と。なぜかいつも神さまの話になると、そういう光の話になります。歓喜のエネルギーセンターのベースの色でもあり、クリスタル連合のベースの色でもあるからでしょう。ロード・サナンダのお話もびっくりですね！　たしかに、クリスタル連合の表のメインのリーダー（マスター）の一人はロード・サナンダであると言えますので。ロード・サナンダの宙くんのお話の続きも、ぜひ聞きたいですね。そして、しほちゃんのお話も、よかったらぜひ。

二〇一一年五月二十二日

晶：アカデミーでエネルギーセンター（チャクラ）の学びをしている時に、宙が私の横に来たので、「宙くんの体のエネルギーの光の球は、何色がどこにあるか当てっこしようか！」と言って、一緒に楽しく始めたところ、結果がびっくりでした！

「黄緑のひかりの球はどーこだ？」と聞くと「ハートのしんぞうのとこ！」

私は「えっ！」と驚いて、「じゃあね、紫と青い光のエネルギーボールは？」と聞くと、ばんざいをして「あたまのうえ！」

まさか？　と思って、さらに「赤とオレンジと黄色は？」と聞くと、おなかを下のほうからパンッパンパンと楽しそうに叩いていました……。びっくりです！

とても正確で、偶然にしてはできすぎているので、「どうして分かったの？？」と聞くと、「分からないけど、そう思ったの！」と言っていました。クリスタルは純粋なので、分かるというより、「知っている」のだろう、と感じました。

そして「言霊」について、宙は、さらにこう述べていました。

「言葉の色は、自分が伝えたいことを最初に、いったん自分の心にいれるの。そしてね、その気持ちでおしゃべりするの。そしたらお色がでるよ！」と！

金色の言葉は「愛してる」。虹色の言葉は「ありがとう」。「大好き」は白とピンクであると教えてくれました。ちなみに「うれしい」は黄緑だそうです。

クリスタルの持つ未知の能力を改めて感じさせられました。

Ａｉ：やはり宙くんは、言霊やエネルギーとその色を、正確に感じ、観てますね！ 通常の大人の訓練後の状態に近い状態であると言えます。一般的には特に幼少の頃、そしてクリスタルは、これが普通であることが多いと言えます。本来、人が持つ、真の感性ですね！
観えるチビマスターが身近にいますから、訓練も楽しく、効率的になっていきますね！（笑）
それらは本来、ハートと魂にしっかりフォーカスしていけば、誰でも発揮していけるものであり、アセンション・ライトワーカーとして、最も重要な基礎でもあります。ぜひ日々楽しくコラボしていってください！

晶：Ａｉ先生、ありがとうございます。クリスタルには観えているのですね！　納得です！　クリスタル・アカデミーに参加してから、私と宙のエネルギーの相互のエネルギーが、打てば響く、密になったという感じで、連動するようになりました。

Ａｉ：それは本当によかったです！　そしてまさに、ハイアーセルフ、そしてハイアーセルフ連合がつながり、コラボしているということですね！

晶：周りの方々からも、宙はとても落ち着いてきたね、変わったね！　と言われます。

Ａｉ：特にクリスタルは、ハイアーセルフのエネルギーとつながると、ものすごく変わります。

晶：以前は、癇癪《かんしゃく》が破裂すると、手がつけられないほどのエネルギーが爆発することもありましたが、最近では黄色と白の優しい柔らかいエネルギーに包まれている感じがします。宙が元々持っていたものが目覚めてきたようです。

Ａｉ：晶さんの高次の色を観る力も、目覚めてきたようですね！　明るい黄色・黄緑などは、元々のクリスタル連合やインナーアースのエネルギーでもあり、神界ともつながっているようです。

晶：最近二人でよくやっているのは、ハート、愛のエネルギーの循環です。二人の胸をぴったりくっつけて、ハートの愛のエネルギーの循環を行うと、宙が泣いていても、あっと言う間に治まってしまいます。宙も心地がよいのか、なかなかお膝から降りようとしません（笑）。

Ａｉ：素晴らしいアセンション瞑想、親子の愛の瞑想であり、コラボですね！

晶：クリスタルは、チャクラ全開でエネルギーを感じているのですね！

Ａｉ：特に「ハートと魂で」ですね。

晶：宙チビマスター（？）とのコラボ、楽しく二人で頑張ります！

Ａｉ：互いに師となり弟子となり、楽しくコラボしてください！

晶：話は少し変わりますが、五月に私たちが住んでいる九州で、ＵＦＯ目撃証言が相次いで出ました。親子のワクワクアセンションと、何か連動を感じます。

Ａｉ：ハイアーセルフのクリスタル連合の船かもしれませんね！　そして重要なものほど、

高次のものほど、肉眼には観えず、ハートと魂で感じます！

二〇一一年五月二十六日

晶：本当に宙の地上セルフは変わりました！　例えば、叱られてしばらくたってもショボンとしている時に、「なぜ、しょんぼりしてるの？　もういいんだよ」と聞くと、「ママを怒らせてしまって、ママが怒ったことが悲しいの。宙くんの心は、ママが怒った言葉を言うと悲しくなるの」と、昔のように叫ぶでもなく、静かに話してくれます。

そして、最後は「宙くんは、どんなママでも愛してるもん！」と、泣きながらでも言ってくれるのです。宙チビマスターに教えられます。

宙は最近、よく「愛してる」という言葉を使っています。以前は、癇癪玉が破裂すると、ひどい時は数時間でも転がって泣き叫んでいたのが、今は全くありません。高次、ハイアーセルフとつながることは、すごい変化をもたらすものなんですね！　そして最近、宙と私は、何にでもお話しして、「ありがとう」って伝えています。お部屋や洗濯機、車にも。あったかい気持ちで通じあえた気になります。

Ａｉ：宙くんのハイアーセルフから一貫して伝わってくるのですが、宙くんのハイアーセルフは、今、どんな時にもいつも「ニコニコ」です！　ハイアーセルフは分かっているのですが、母子の地上セルフの学びでもあり、感動のドラマを創っているのですね！

そして今、いよいよハイアーセルフともつながり出し、真のミッションもスタートし始めました。それにより、素晴らしいシフトが始まっていますね！　あたたかく見守り、みんなでコラボしながら、ゆっくり&ワクワク・ワープで進んでいきましょう！

二〇一一年五月二十六日

晶：最近の宙は、目覚しい変化を遂げています。先ほどは、「愛」について話をしてくれました。お風呂が終わって、宙の髪を拭いていた時です。

「ママ！　ママの愛情がいっぱいだね！」と言うので、「どんな時にママの愛を感じる？」と聞いてみました。すると、「いつもだよ！　保育園で離れていても、どんな時も、ママの感謝の気持ちを感じるよ！　それはね、ピンクと黄色と虹色なんだよ！」と。

「見えるの？」と聞くと、「心が感じるの。感謝ってね、愛と光で心がつながることなんだよ！つながったらね、ぼくの心臓が、すっごく強くなるんだよ！」と教えてくれました。

人の想い、波動をダイレクトにハートで感じているのですね。言葉だけではなく、想いの大切さを教えてくれました。

そして、もう一つは先日のことです。夕食後にあることをしようというお約束を宙としていましたが、もう遅いし、明日でいいかと思い、私も何も言わず、宙も何も言わなかったので、そのままにしていました。すると、眠る前に宙が、「ママ、今日、宙くんとママの心に、心からの言葉がぬけていたね。お約束は、今度がいいってことだよね」と言っていました……。

クリスタルはそんな捉え方をするんだと、また新たな気づきをくれた一言でした。

Ａｉ：親子ともに、素晴らしい愛の言葉とエネルギーのポータルとなっていますね！　とても素晴らしい対話と気づきですね。

晶：今、私は、「アカデミーのファシリテーターの先生方へ、限りない感謝をお伝えしたい」と感じていたら、宙から、「感謝の気持ちが愛で伝わるよ！」と言われました！　ハッと気づいてびっくりしました。宙との間のエネルギーが、打てば響くほど強くなっていたのですが、こんなにも愛の波動ってダイレクトに伝わるものなのですね！　またひとつ教わりました。ありがとうございました。限りなき愛と感謝とともに。宙&晶より。

Ａｉ：限りなき愛と感謝の、宙くんとの素晴らしい学びとコラボですね！

二〇一一年六月十四日

晶：宙の昨夜の夢の続きなのでしょうか。宙が、「ママ、愛と感謝ってね、走っても飛んでも胸から飛んでいかんとよ（九州弁です）。すごいでしょ！　ずっーと、ずーっと、胸にあるとよ！　そしてね、宙くんとママは、いっつもしほちゃん（亡くなった宙の妹）が、天国からゆーっくりみててくれるから、だいじょーぶだよ！」とお話を始めました。

私が「しほちゃんは、天国で何をしてるの？」と聞くと、「いま天国の保育園で、たくさんの子供たちとあそんでるよ！　ロード・サッド先生がいて、怒らんで、いつもニコニコしてるの。とーってもひろくて楽しいよ！　そらくんも、しほちゃんと遊んでたんだけど、先に行くねって言ってきたの。そこではね、そらくんはいろんな形になってたよ。虹色なの。男の子は虹色で、女の子はいろんなピンクで、まーるかったよ。しほちゃんは、ちょっと三角だったけどね！」と話してくれました。

私も一緒にお空の上の様子を思い浮かべて、ほっこりと、あったかーい気持ちになりました！

Ａｉ：宙くん、晶さん、素晴らしいですね！　ロード・サナンダ先生の、天国のクリスタルの保育園の様子、しほちゃんの様子が、よく分かりますね！　高次での存在のエネルギーの様子、色彩の様子もよく分かりますね！　続きもまたぜひ聞かせてください。

二〇一一年六月十五日

昨夜に続き、今夜も宙の天国の保育園のお話の続きが始まりました。生まれる前の記憶を話してくれているのかなと思います。

「ママ！　天国の保育園ではね、最初からすぐにお勉強がはじまるんだよ！　地球での家族のことや、いろんなこと。そしてね、遊びが二つあって、一つは「磁石をくっつける遊び」と、もう一つは、『お絵描き』なの！」と宙が話すので、私が「磁石ってどんな遊び？」と聞くと、「二つの磁石をくっつけると、ちいさい磁石がうまれるの！」と。

私は「んっ！？」と思いながらさらに聞いていくと、「まーるい二つの光の磁石をくっつけていくとね、虹色の小さい磁石が生まれるの。四つ葉のクローバーもみえるんだよ！」「男の子の磁石と、女の子の磁石をくっつけると、うまれるんだよ！」と！

私は、「えーっっっ！！！？」もしかして赤ちゃん誕生のこと！？　と、超びっくりしました！！

四つ葉のクローバーはたくさんのハートなのだと思いました。

そしてさらに、もうひとつの「お絵描き遊び」についても、これまたびっくりでした。

「ママ、とっても不思議でね、お空にお絵描きすると、消えるの」

「どうして消えちゃうの？」
「お空にピンクや虹色でお絵書きするとね、シュンって消えるから、あれ！？って思って下（地上）を観たら、（赤ちゃんの）『おぎゃー』っていう言葉になって、入っていってたの」
「それは（赤ちゃんの）そらくんの言葉？」
「そらくんの時もあったし、そうでない時もあったよ」

そして最後に、「ロード・サッド先生じゃない、女の人の先生もこれから来るようになるよ！」という謎のお話もありました。

Ａｉ：天国保育園の続き、素晴らしいですね！　ますます詳しく様子が分かってきますね。「磁石」のお話、「お絵かき」のお話、とてもリアルですね。赤ちゃんの誕生までや、その後も、高次のエネルギーとしてずっとつながっているという感じですね！　ロード・サナンダ先生ではない女の先生とは、神さまかもしれませんね。

二〇一一年六月十八日

晶：宙くんが先ほど、「ママー！　プレゼント！」と、私にプレゼントを持って来てくれました。「ママだいすき」の文字とハート。四つ葉のクローバーと宙君。そしてママの頭上には、虹を一生懸命描いてくれました。彼が今伝えたい、発神したいのは「感謝」のようです。「ママだいすき」の文字は、黄色とピンクの色鉛筆を二本重ねて書いてくれました。ハートとクリスタル連合の色を重ねてくれたのでしょうか。手に取るだけで、あったかい気持ちになりました！

Ai：素晴らしい言霊とエネルギーですね！　ぜひどんどん、親子で言霊のマスターになって、発神していってください！

二〇一一年八月二十六日

晶：今日、お風呂に入っている時の対話です。宙が、「ママ、今日は何について話をしようか？」と言うので「えーとねー……」と考えていると、

「ママ！　人のいちばん大切なところってわかる？」と言います。

「ハート？」

「そう！　心臓とハートはちがうんだよ！　ハートは根源の神さまと根源の愛のみなもと。日本の神さまだよ。みんなを護ってくれるんだよ！」

「なるほど！　じゃあ、護るってどんなこと？」と聞くと、「また後でね！」と言って、行って

しまいました……。そしてしばらくしてから、

「ぼくは、ママを護ろうって思って、（地上へ）きたの。僕の神さまは、神話やいろんな本を図書館みたいなところに持っていて、いつも僕にみせてくれてたよ！　そんでね、神さまに『もう行ってもいいよ』って言われたから、そらくんは、ママのお腹に『シュポーーーン！』って入ったんだよ！」と教えてくれました。

神さまとの約束がたくさんあったそうなのですが、「また今度ね！」とのことです……。

Ａｉ：ハートと根源と日本の神さまについて。とても本質的ですね！　そしてこれは、晶さんのハイアーセルフからのメッセージを伝えているものでもあると思います。高次の動きと神界の神意をとても感じますね！　今後の展開も、すごく楽しみです！

二〇一一年十一月三日

晶：アカデミーのメンバーのライトワークのセレモニーと同時期に、昨日、突然宙が「ママ、根源の愛について話をしよう！」と言いだしました。

「ママ、今こそみんなが根源の愛でひとつにならなきゃいけない時なんだよ！　みんながひと

つのチームになるんだよ。根源の神さまの愛が、みんなのハートを通って、ほうおう（鳳凰）に変わっていってるよ！　みんながひとつのチームなの。別々の道を歩んでいるように思うけど、ひとつの道につながっているんだよ。

みんなが生まれるまえから、お空にいた時から持っている、根源の愛のアセンション・プロジェクトの道へ！　みんなのハートを地球に合体させるんだよ。

みんなが信じれば見えてくるんだよ。全ては宇宙の根源の神さまの愛のエネルギーでできているってことが。今、お家にあるものだってそう。フォトン（光子）でできているの。みんなの心と愛がひとつになればいいの。本当はずっと前から、みんなひとつなんだよ。それを思い出して、今こそつながって、地球を新しくするんだよ！」

と、一気にお話してくれました。私も昨日から何かが変わった！　と感じ、様々な面で変化があり、数日前に受け取ったメッセージが「これより始まる」でした。その時点から、変化への予感と高揚感の中にいます。

そして五歳の子供が話しているとはとても思えない内容のメッセージ。宙の変化も顕著です。一気に老成したような部分も垣間見えます。親子でのアセンションが、更なる段階を迎えていきそうな予感です！

Ａｉ：宙くんの地上セルフとハイアーセルフも、とてもシフトしていますね！　このメッセージを聞く前に、宙くんのハイアーは、今、大宇宙にいるなあ、と感じました。まさにその内容となっていますね！　そしてこれがまさに、「神さまとのたくさんの約束」のお話なのでしょうね！

ここから先は、ますますお母さんの進化、アセンション、サポートも重要ですので、ともに楽しく進んでください！

二〇一一年十一月十三日

晶：宙が、「ママ！　宇宙の根源の神さまのエネルギーがまた変わった！」と話しだしました。先日の二〇一一年十一月十一日は、エネルギーが大きく動いたようで、宙もエネルギーの変化を感じたのだと思います。以前に描いた同じテーマの絵とは違い、白とオレンジ、黄色、ピンクの優しい色になっています。

「中心がハートになって変わったの。柔らかいけど、前より強い虹色の光を出すようになったよ！　きれいくて、やさしくて、つよい心も持ってるよ！」と教えてくれました。全体のいろいろな動きとも連動しているな、と感じました。

そして、今日は、「ママ！　空を見て！　たくさんの神さまたちが集まってるよ！　写真とって！」と言うので、撮った写真を添付します。驚いたことに、まるで天鳥船《あめのとりふね》に観えると思いました！　さらに先日、宙と神社へ行った時に必ず写っていたピンクの光の玉も写っていました。

Ai：素晴らしいですね！　まさに巨大な天鳥船ですね！　そして素晴らしいエネルギーですね！　エネルギーの動き、シフトについてのお話も、とても連動しています。太陽そのものの変化とも連動していると思います。

二〇一一年十一月十五日

晶：宙が、根源の太陽の変化について、後日話してくれた内容です。

「ママ、この根源のハートの中心はね、みんなの心を楽しくするためにあるの。真ん中のおおーきなハートから、みんなの心がひとつになった時に、うまれてくるんだよ！　そして中心の光は、みんなの心を優しくするためにあるの。愛の心でうまれてくるんだよ！　みんなの魂が虹色の光でつながると、宇宙のすべての、きれいで優しい魂とつながっていくよ！」

やはり宙のハイアーセルフは、大宇宙からメッセージを贈ってくれているのですね！　Ａｉ先生のおっしゃる通りです！

Ａｉ：宙くんのハイアーセルフは今、宇宙にいて、地球や宇宙の変化を実況中継しているいるようだとお話していましたが、やはりそうですね！　高次の動きの実況中継であり、大宇宙の愛の中心と、その連合と一体化した、素晴らしいメッセージであると思います！　まさに愛の使者としても本格始動という感じがします。

二〇一一年十二月十六日

晶：宙が突然、「ママ、最初にぼくがママに話したこと、覚えてる？」と、言いました。

「なに？」と聞くと、「言葉に色があるってことだよ」と。

「ママの優しい言葉は、キンキラ、ピカピカ、明るいの！　でもね、嫌な言葉って黒いよ。ぼくはいつも色が見えてるの。自分でも、いけないことをしゃべってたら、黒いの。そしてね、黒のエネルギーは、みんなのいいエネルギーを奪おうとするの！　それを護ってくれるのが、紫のエネルギーだよ。体の中にも色がついた球があるでしょ？　紫は頭。だからね、頭（アジナーセンター）で感じて考えることも大事なんだよ。紫ってね、黒いエネルギーからみんなを護ろうとするの。

その紫のエネルギーが地球にあるの。それは今、みんなが住んでる地球じゃないんだよ。宇宙には、今みんなが住んでいる地球のほかにも、たくさんの地球があってね、紫は、そこの天使や、神さまを護るエネルギーなの。

今の地球を観てて、黒いエネルギーがみんなにつかないように、みんなを護っているの。だから、紫のエネルギーで考えて感じることも、とっても大切」

そして、「楽しいとかの言葉って、みんなを楽しくするためにあるの。楽しいことをしていかないと、みんなが育たないから、楽しい言葉ってあるんだよ。そしてね、紫の天使の夢ってなんだとおもう？」と。私が「なあに？」と聞くと、

「それはね、みんなが夢をつかむこと。みんなが、赤ちゃんから大人になって、お年寄りになって、神さまになって、また赤ちゃんになって……。ずーっと、仲良く暮らせること！

地球のしんか（進化、神化）で、いっぱい、いっぱい、宇宙が元気になるよ！　それに、ぼくが今お話したことは、たくさんの地球や、宇宙にまで、ちゃんと響いてるよ。みんなの耳には聞こえないけれど、お空の上まで、地球の中まで届いてるよ。自分の心を信じると、お空や、たくさんの地球まで声は響くよ！」

と、怒涛のようなメッセージを発神してくれました。

さらに、色のパワーのようなものについて話してくれたのですが、何とも的を射ていると思いました。

「赤はね、みんなの心が熱くなる時、熱くしたい時だよ。黄色とピンクはね、みんなの心をあったかくして、癒したい時だよ」などです。そして、最もすごいと思ったのは、「白はね、みんなの心が熱くなり過ぎた時は、心に風をふかせて静かにするんだよ。寒い時は、ほかの色と一緒にして、あっためてあげるの」というものでした。

冒頭の紫のエネルギーについても、ちょうど関連するワークをしていた時でしたので、親子でコラボチャンネル！？　クリスタルって本当にすごい！　と、改めて感じさせられました。

Ａｉ：とても高度で専門的な内容のメッセージですね！　大天使レベルのメッセージの内容であり、とても高度な宇宙学的な内容でもあります。また、紫（アジナーセンター）は、まさにそういう役割のエネルギーがあります。浄化、昇華の力があり、高次の叡智のポータルでもあります。赤と白のエネルギーについての表現も、素晴らしいですね！

大人の部でも、本来は、かなり学びと訓練をじっくり実践していった時に身についていく内容です。宙くんのハイアーセルフは、過去にも、言霊と色霊の学びや活動をしていたということですね！

二〇一一年十二月二十六日

晶：今日は、宙が「みどり」について話を始めました。

宙：ママ、きょうはみどりについてお話をするね！　みどりってね、みんなの先頭なの。みどりがきれいでピカピカにならないと、ほかのも黒くなっちゃうよ！

みどりが一番先で、大事なの。みどりは胸のところにあってね、ほんとは二つあるの。

本では丸いけど、ほんとはハートの形をしてるよ。みんなも転んだりする時に、手をついて胸をまもるでしょ？　それはね、みんなハート・胸が大事って、わかってるからなんだよ。

晶：なるほど！　みんなのみどりがピカピカになるためには、どうしたらいいのかな？

宙：こまっている人を助けたり、泣いているお友だちがいたら、やさしくしたりすること。そしていちばん大切なことはね、自分のことだけを考えたり、自分のことだけを一番にしないことだよ。いつも、ぜんぶ、みんなのことを考えて、みんなを大事にしていること。いじわるなんかしないこと。

ぼくはね、お友だちのみんなのことをみて、お友だちの胸のところが黒くなってるなって感じたら、手をつなぎにいくの。そして、胸の黒いのが、お友だちから取れるようにパワーをおくると、ポンッ！　て、はじけちゃうよ！　そしたら、いじわるもしなくなるし、優しくなって、みんなうれしくなるよ。

みどりってね、紫とちがって、神さまの中から生まれたものなんだよ。神さまから生まれたエネルギーで、愛なんだ！　お空から、神さまはずーっとみてる。みんなの胸にもあるよ！

と、またもや怒涛のようにお話をしてくれました。

宙は「愛」の大切さ、ハートセンターの活性化の必要性、重要性をあらためて伝えてくれたのだと感じました。二〇一二年も間近だからでしょう。宙の日々の生活の中でも、このような大切なメッセージの発神が多くなってきました！

Ａｉ：はい、本当に本質的で、専門的で、かつ誰にとっても、とても大切なお話ですね！！皆さんにも、とても参考になると思います。そしてまさにみんなが日々実践できる、実践すべきことですね！

これからのますますの親子の愛のコラボ、メンバーとのコラボ、そして親子の素晴らしいアセンションとミッションを心から楽しみにしています！

第二章　クリスタル・プロジェクト

この章では、我々のクリスタル・アカデミーに参加し、学び、みんなとコ・クリエーションしながら、実践としてクリスタル・プロジェクトを進めている皆さんの活動をご紹介します。

クリスタル・アカデミーでは、二〇一二年四月から、親子で学びながらコラボする「クリスタル・アセンション・アカデミー」の他に、クリスタルの育成に関わる大人の部として、「クリスタル・プロジェクト」や、そしてクリスタル・アカデミーの各地での創設やそのファシリテート（インストラクティング）を行っていくための「クリスタルＩＣ」（インストラクターコース）が新たに創設されます。

「クリスタル・プロジェクト」のメンバーは、アカデミーでともに検討しながら、これまでの地上の社会での仕事や特技を最大に活かしたり、そして自らの今生のミッションの一つとして、ハートと魂が最もやりたいこと、ワクワクすることとして、各自の特性を生かしながら、それぞれのクリスタル・プロジェクトを始動しています。

家族でアセンション！

まず最初は、「愛成」（あいな〜る）ファミリーの皆さんです。いつでも一緒、どこに行くのも一緒、アカデミーのセミナーやツアーなどでもいつも三人一緒の仲良しファミリーで、「家族でアセンション！」を一人ひとりと家族全員のテーマとされており、その素晴らしいひな型のご家族であると思います！

愛成：皆さん、こんにちは！　愛成です。あいなる、あいな〜ると呼ばれており、「愛に成る」ということと、それを目標としているという意味がこめられています。私は、主人と二十代のクリスタルの娘と三人で、Ａｉ先生の元で、「家族でアセンション！」を目指している主婦です。家族でアセンションを目指すということは、どれほど毎日ワクワクで楽しいことか！　どれほど素晴らしいことか！　それを少しでも皆さまにお伝えできれば嬉しいと思いました。

私がアセンションを目指そう！　と思ったのは、結婚する前で、もうかれこれ二十数年前のことです。それまでの私はごく普通のＯＬで、三次元的なごく普通の自分の夢に向かって生きていました。しかし主人と出会い、宇宙は多次元でできていること、地球の地上は三次元であるが、日戸（人）は、霊・心・体の三位一体で成り立っていることなど、学校や日常の中では教えてもらえないことを学びました。それからは、自分は何のために生まれてきたのだろうか？　神さまはいるのだろうか？　なぜ人はず〜っと幸せではいられないのだろうか？　この先に何が待っているのだろうか？　などの疑問が浮かんできました。

私と主人とは、そうした疑問や、やりたいことが似ていましたので、自然に同じような行動を一緒に行っていくようになりました。そして自然に結婚して、二人で同じものを目指しました。その中で私たちは、常に同じ想いを持っていましたので、これまでに一度も喧嘩をしたことがありませんし、今後もしないでしょう。

その後、子供が生まれました。一般的には、自分が産んだ子は自分のもの、という感覚に潜在的になっている親が多いと感じましたが、私は、子供は私のお腹を借りて世の中に生まれてきただけで、自分のものというような感覚はなく、一人の日戸として魂でつきあっていこうと思いました。ですから、何かを強制したり、怒ったり、叩いたりなどということは、一度もありませんでした。常に何事も納得のいくまで、話し合いで教えました。自分の道は自分で創っていく。魂と魂の話し合いをする。時には私たちが先生、時には子供たちが先生になり、いろいろ気づかされることや、教えられることもたくさんありました。学校以外で学ぶことも多く、子供たちは、私たちがしていることにとても興味をもって、反抗的な時期もなく、家族で目指すものが一緒になりました。どこに行くのにも、何をするのにも、常に一緒です。意見が違うこともありませんでした。

友達がよく言います。「本当に仲のいい家族だね！　一度も喧嘩したことがないなんて、考えられない。だけどあなたの家ならそれはあるかも」と。

私たち家族は、ともに様々なことを学びながら、様々な所へ旅をしました。その中で特に不思議だったのは、なぜか私たち家族の行くところには、頻繁に虹が出て、私たちにエールを送ってくれていると感じることです。また、妖精や精霊たちが、私たちの周囲に度々姿を見せてくれたりしました。

アセンションという言葉を耳にするようになってからは、神は外だけでなく、私たちの内にもいる。愛がすべてなんだ。楽しいこと、ワクワクすることがず〜っと続けば、みんな幸せになれる。自分が楽しくなければ、家族が楽しくなければ、みんなには伝えられない。この楽しさを多くの家族に少しでも知ってもらいたい、と想うようになりました。

そしてその想いは、主人も娘も同じでした。でもどうしたら伝えることができるのだろうか？と思っていたころ、「天の岩戸開き―アセンション・スターゲイト」（明窓出版）というＡｉ先生の本に出会いました。

それは私にとって、今まで求めてきたすべての頂点でした。すぐにＡｉ先生のアカデミーに入学して、Ａｉ先生にお会いしたいと思いました。主人も娘も納得し、私に続いて入学しました。

「家族でアセンション！」を目指すことは、私たち家族にとって、とても自然なことでした。家族で一緒に、どこへでも、どこまでも行ける！　どんな時も、どんな内容も、いつも家族で話ができるので、いつもワクワク楽しい毎日です！　Ａｉ先生の元で家族で学ぶようになって、ますます楽しくワクワクの日々が続いています。

先日は、Ａｉ先生のアカデミーの本部を、我々愛成ファミリーが一日占領させていただいて、家族一人ひとりと全員コラボの個人セッションをしていただきました。その中には、我々家族一人ひとりと全員にとって、とても大事なお話がたくさんありました。

我々家族は、宇宙のはじまりから、ほとんど一緒にいたとのことでした。いろんな星を旅したり、妖精の家族だったこともあるそうです。

それらの旅と学びは、我々家族の愛をより高めることであり、そして将来、「愛の家族」「家族でアセンション！」のひな型となるためであったとのことでした！

Ａｉ先生から、「家族でアセンション！」のひな型になりましょう！　と言われた時は、これがまさに私たち家族のミッション、目的だと思いました。私たち家族にできる最高のミッションだと思います。とても自然であり、私たち家族にとって、最も重要な核心です。

私たち家族が、「家族でアセンション！」をますます目指し、そして多くの人々、家族が、私たちのような家族になりたいと少しでも思っていただけたら、愛の家族が少しずつ、そしていつかどんどん増えて、愛の地球、愛の宇宙、そして愛の星へとなっていくのではないでしょうか？

そのような想いで、私たち家族は、日々楽しく進んでいきます。

皆さん、ぜひ私たちと一緒に、「家族でアセンション！」を目指しましょう！

あなたの家族にも必ずできます。

すべての源は、「愛」ですから！

祝也：愛成ファミリーの父、祝也《ほふや》です。私が今生で初めて「アセンション」という文字を目にしたのは、二〇〇三年でした。それまでは、「ミロクの世はいつ来るのか！？」などと、（他力本願的に）気にしていました。

私の家族は、旅＝観光（神の光を観る）が大好きな一家です。夫婦喧嘩も無く、子供も自由に伸び伸びと育ちました。我々家族は、一人ひとりの魂をとても尊重してきました。

マスター・イエスの「幼子の如き魂でなければ天国に入れない」という教えも、なぜか昔から心の中にありました。子供から教わることも多々あります。

我々家族は、一人ひとりが力を最大に発揮し、そして合体すると、すごい愛の合体ファミリーに成るようです。

そのことについて、Ａｉ先生による我々家族の個人セッションであらためてお話をしていただき、それがまさに家族、人類のあり方であり、ひな型であると聞かされた時に、すごい！　と思い、ドキドキしました！

我々、性格も天然の妖精ファミリーが、三人で、アセンション家族をやろうとしています。家族全員の進む方向性が同じなので、何かとスムーズに事が運びます。

我々家族は、「家族でアセンション！」のひな型の一つを目指し、家族でのアセンション・プロジェクトとして、ブログを立ち上げました。

パソコンが苦手な私にとっては、妻と娘の後からくっついていく形になりそうですが（笑）、目指す目標は、みんなと同じ、地球のアセンションと愛の星へ！

そのために、たくさんの家族の方々へ少しでもプラスとなる活動をしていけるとよいと思っています。皆さまとともに、愛の星へ向かって、ワクワクしながら歩み、創造していきます！

ハート・エンジェル：愛成ファミリーの娘のハート・エンジェルです。私は今、父と母と私の三人で、「家族でアセンション！」を目指しています。

私の両親は昔からスピリチュアルで、様々なことを学んでいました。その中で私は、両親から、たくさんのことを教えてもらいました。

そしていつも自由を与えてもらい、「自分の思うようにやればいい」「好きにしたらいいよ」と言われました。

しかしその言葉を聞くと、「自分が本当に今やらなくてはいけないこと」について、深く考えさせられました。

「自由を与えてもらう限り、やるべきことは、ちゃんとやらなくてはいけない」ということを学びました。

様々なことを学び、準備がある程度できて、今やっと、Ａｉ先生のアカデミーで学ぶことができるようになりました！

なぜなら、Ａｉ先生のアカデミーでの学びは、すべてが愛だからです。

そして愛は、何よりもとてつもなくすごくて、最強で、最高だと分かりました。

アカデミーに私たちが参加してから、家族全体が、ますますよい方向へ向かってきていると思います。

「家族でアセンション！」がテーマの私たちは、昔から家族でいる時が一番好きです。そして、とても楽しく、自分らしくなれます。

家族の中で、お互いがお互いを、真に思い愛、時には励まし愛、刺激し愛、そして助け愛、楽しみ愛、笑い愛、喜び愛。家族だから、話せることがある。家族だから、自分らしくありのままでいられる。家族だから、すべてを受け入れてもらえる。

家族の中でも様々な出来事があったり、みんなで楽しく笑うことも当たり前になっているんだけど、とてもとても、深い喜びを感じます。

家族の中で、一人ひとりの思いやりで、たくさんの愛を贈れば、また、何倍にもなって返ってくる。そして与えられたものは、さらに倍にして、贈り返す。

これは、アカデミーで学んだ大切なことの一つです。

そうすれば、家族の中でも、たくさんの愛が生まれる。たった一言でいい。ちょっぴり照れくさいけど、素直に「ありがとう」「愛してる」って、心をこめて言ってみる！

家族だから、なかなか言えない言葉もたくさんあるけど、たった一言を言ってみる。言った分だけ、伝わっていると思うから。

「家族でアセンション！」なんて、なかなか難しいと思っている人が多いかもしれません。でもそれは、自分の意識ひとつで変わるのかもしれません。


「家族でアセンション！」そして目指すは愛の星です！　なぜ愛の星なのか？　ぜひ想像してみてください。愛の星になったら、どれほどすごくて、どれほど素晴らしいでしょうか！

すべてを包み込む優しさと温かさ。そこには、苦しさも、悲しさもなく、あるのは嬉しさと、楽しさと、美しさ。すべてが歓喜に満ちた世界！　そんな世界を創る！

そんなことが可能か？　なんて思うかもしれませんが、すべては、やってみないと始まらないですよね！　奇跡が起きるように、可能にする方法はたくさんあると思います。

でもそれは一人でやるよりも、人数が多ければ多いほど、大きな大きなパワーになります。たくさんの愛のパワーで、みんなの愛（心）が、ひとつになって、そこに愛の星が生まれる！

「家族でアセンション！」皆さんもぜひ、やってみませんか！？　今日は、最高に素晴らしかった！　楽しかった！　という日を、家族で、みんなで、永遠に創っていきませんか！

家族でアセンションしたいという人たちも、私には家族がいないという人も、ここに大きな大きな愛の家族がすでにできています。愛という、大きな固い絆で結ばれた家族がここにいます。

私たちは、ひとつです！　みんなでワクワクと愛の星を目指して！

愛成ファミリーのブログ「愛の星へ！　家族でアセンション！」http://ainofamily.jugem.jp/
（愛成さんとハート・エンジェルさんの素晴らしいアートも満載です）

※次は、子供たちのためのデモクラティックスクール「ほしのたね」を運営している幸代さんです。

クリスタル・アカデミーへ向かって

幸代：Ａｉ先生のアカデミーで、アセンションとクリスタル・プロジェクトについて学んでいる幸代です。第一章での自己紹介のように、子供たちのためのデモクラティックスクール「ほしのたね」を運営しています。

アカデミーで学ぶ中、個人セッションでのご指導により、私たちの「ほしのたね」の中でも、まずはスタッフやお母さんたちを対象に、アセンションやクリスタルに関して、一般の人にも分かりやすく、かつ重要な内容の勉強会を、少しずつ展開することとなりました。アセンションとは万人にとって本質的なものであり、進化であるからです。


アカデミーの先生方のご指導の元、二〇一一年九月からスタートした勉強会では、「愛」をメインのテーマとしました。「愛ある教育――あなたは何を選びますか？」と題して。

まず第一回目は「愛ってなあに？」からのスタートです。


私が愛を真に意識したのは、Ａｉ先生のアカデミーに入学してからでした。それまでは、愛という言葉に特に関心がありませんでしたし、世の中で言われる愛は、多種多様であると思っていました。

「ほしのたね」に関わる中では、私は「愛」を「信じる」という言葉に置きかえていました。以前の「ほしのたね」の勉強会でも、「子供を見守り、その成長を信じる」という表現が、「愛」に代わる最高の表現でした。たぶん頭で考えて、愛を真に理解していなかったのだと思います。

スクール全体でも今までは、「愛」という表現は人によって解釈が違うからという理由で、使っていませんでした。

アカデミーで学び始めて、愛を常に意識して選択することがいかに大事であるかということに気づきました。愛の真実を知ることなく、ただ社会の枠の中で不安を抱き、迷い続けている親たちに、真の愛とはどういうものなのか？　愛に基づく選択をするためには？　ということついて、ぜひお伝えしたいと思いました。

初回は私を入れて六人での開催となりました。みんなが自分の考えをシェアするのにちょうど良い人数であり、私が中心になって行う初めての勉強会でしたので、あまり緊張もせず良かったと思います。以下はそのレポートです。

第一回目の勉強会では、まずは四回シリーズの勉強会のテーマと趣旨についてお話をしました。「愛ある教育」とはどのようなものか？　真に子供に寄り添う学び舎とはどのようなものか？　ということをみんなで探求するための勉強会であるとお話ししました。

そして皆さんに「愛」について、自分が今感じることを書き出していただいて、シェアしました（この内容は、最終の第四回目が終わった時に、みんなで見直してみて、変化を観ることにしました)。参加者の皆さんからは、様々な有用な意見が出ました。

「子供の時に忙しい親からいろんな物をプレゼントされたが、大人になってわかったことは、物が愛ではないということ。両親は、両親なりの愛を贈ってくれていたと思うが、子供の頃はそれをキャッチできなかった」

「母親の愛が思い浮かんだ。子供を思う気持ちは何ものにも代えがたい」

「相手(子供)をかわいい、美しい、もっと見ていたいという気持ち」

「相手(子供)が本当に望むことをいかにしてあげられるか」

「子供が一人で選択できる力をつけてあげることも愛」等々です。

そして次に「愛を選択する」というテーマで、まずは「愛について最も大事なことは?」についてお話をさせていただきました。「自分が愛から生まれ、愛そのものであることを知る」「自ら愛を出していくことが大事」「自分の行動が愛に基づいているのか? 恐怖心、心配に基づくことなのか? を常にチェックしていく」などです。

次に「自分の現実は自分が創っている」については、「宇宙で唯一最大の法則は『与えたものが還ってくる』ということ」「愛を与えれば、愛が還ってくる」「自分の現実は自分が創っている」「自分が受け取りたい物を相手に贈る」「自分が愛を出せば周りも変わってくる」などのお話をしました。

参加者の皆さんからの全体の感想では、「愛は大きいテーマだと思っていたが、身近なものだった」「母親の無償の愛を感じた」「子供を思う母親の愛はすごいと感じた」などのお話をいただきました。

第二回目の勉強会は、「クリスタル・チルドレンと教育」というテーマになりました。まずは「クリスタル・チルドレンとは?」という問いでしたが、その言葉の持つエネルギーを感じてもらい、イメージを書き出して、みんなでシェアしました。

「光を吸収して変化させる」「あらゆる角度で物事をとらえ、変化させて環境に反映させる」「純粋」「穢れがない」「透明感がある」「自立心旺盛」「やさしい」「平和主義」「寛大」「気性が穏やか」「非常に敏感で共感的」「探求心旺盛」「人懐っこくて愛想が良い」「思いやりがある」「バランス感覚に優れている」「恐れ知らず」「運動神経が優れている」「芸術性が豊か」「感性が豊か」など、とても具体的な意見がたくさん出ました。

そして「クリスタル・チルドレンにどんな教育（場）を与えたいか？」というテーマでは、「自由に好きな活動ができる場、尊敬しあう場」「信頼されて、子供が感じるままに活動ができる場」「心から望むことを体験できる場」「真理（愛）、自己表現、自己実現、美しいもの（芸術など）を学べる場」などの意見が出ました。

さらに、本書の第一章にもある、みわちゃん（四歳）からのメッセージを朗読したところ、みんなとても澄みきったエネルギーを感じ、さらにクリスタルへの理解が深まったと感じました。

皆さんからは、「大変面白かった。自分の子は発達障害だと言われてマイナスの捉え方をしていた。解釈が違うとこんなに前向きにとらえることができるとは知らなかった」「生まれた時に特別な子だと思っていたが、今まで自分だけの秘密にしておいた。いつかみんなに話したい」「息子はインディゴだと思い込んでいたので、勘違いしていたことがわかり、捉え方を変えられた」などの感想をいただきました。

第三回目の勉強会は、「中今を生きる」というテーマでお話とコラボをし、Ａｉ先生の御著書「愛の使者」（明窓出版）も、第四回の勉強会までに読んでおいていただくことになりました。

そして二〇一二年一月に行われた第四回目の勉強会のテーマは、ズバリ、「アセンションとは？」です。まずは皆さんに、これまでの学びとコラボによる変化について、シェアしていただきました。

「愛を意識するようになった」

「愛を常に意識すること、今を生きることの重要性をあらためて感じた」

「優先順位が変わり、やるべき事からやり始めるようになった」

「何が今一番大事で、何を今やるのか、常に自分に問うようになった」などのお話をいただきました。

後半には、「愛の使者」の本の感想をシェアしていただきました。

Aさん：愛の反対は恐れということが、心に一番響いた。震災はまさに恐れで行動した人も多かったように感じたが、自分は愛に基づいて行動することができたと思う。書いてあることが、抵抗なく自分の中に入ってくる。今回の勉強会を終え、また違った感じで読めると思うので楽しみ。

Bさん：次元について関心を持った。

Cさん：エネルギーセンター（チャクラ）について関心を持った。

Dさん：自分のハートのゲイトが開いているのか気になった。
Eさん：スピリチュアルの用語にも興味が湧き、知りたいと思うようになった。

最後に、第一回目にみんなが書いた、「愛とは？」について、今観てどのように感じるかをシェアしました。

Aさん：これまで愛について考えたこともなく、照れくさいと感じながら書いたが、今思うと、愛は全ての源であり、照れくさいと感じる類のものではなかった。分かっていなかったと思う。
Bさん：自分が書いた中に、「愛とは人類の進歩」と書いてあるのが面白い。
Cさん：読み返してみるとそんなにずれてはいないと思うが、学んだ内容は更に深く、宇宙の根源＝内なる神にまでつながるとは思っていなかった。
Eさん：愛について一回目に書き出した時と今と考えは同じだが、今の方がより愛にフォーカスしていると感じる。最近は愛に共鳴することが増えた。愛とは、「愛に成ること」。知識ではなく、愛を感じ、実践することを繰り返す中で、愛になっていくと思う。よりいっそう、全ての人や自然が発する愛にフォーカスし、自らのハートを通してより輝かせたいと思った。

そして、全四回の勉強会を通しての皆さんの感想は、次のようなものでした。

Aさん：初めて接した考え方だったので、話を聴いたり本を読んでとても驚き、ものすごく幸福になったり、世界がバラ色になったりしたが、時間が経つと忘れてしまうので、何度も繰り返し、読み返したりして、自分に刻みたいと思う。

Bさん：スピリチュアルには大変興味があったので、ワクワクしながら参加した。自分に必要なことが起こったり、仕事で悩んだ時に、愛に基づいていれば必然的に道が開けると感じた。愛は自分が貰っていないと発することはできないと不安と恐れを持っていたが、そうではなくて、自分から出していくものだと知ったので、実践していくしかないと思った。子供に対して、愛ではない言動にすぐに気づけるようになってきた。

Cさん：四回の勉強会を通し、回を追う毎に皆さんのハートが開き、愛を出し、愛に生き始めていると感じ、毎回とても感動した。学校では教えてくれないことで、愛について深く考えたこともなかったが、本当は全てが愛からできていて、私たちは愛のかけらであった。

こんな大事なことを教えてもらわずに大人になったが、伝えようとする愛によって、皆さんのハートが開いていったのが、ただただ素晴らしいと思った。

人は変えられないとよく言われるが、愛を贈り、キャッチすることで人は変わるのだと、この四回の勉強会で体感した。

勉強会の最初の頃の計画は、子供たちのよりよい教育を中心に考えていましたので、「アセンション」まで話ができるとは思っておらず、その展開にとても驚きました。まさに私自身もこの勉強会で、愛を伝えること、愛にフォーカスすることを学びました。それまでは頭での理解だったと思いますが、実際に体験することができました。皆さまのおかげです。

四回の勉強会の最後に、皆さんに、今、最も大切なものとして、何を選ぶかお聞きしてみました。そうすると、「愛」「真実の愛」『ほしのたね』みたいな学校を創る」「愛と光そのものになる」「アセンション」でした！

——勉強会を終えて——

さきほどのレポートで参加者の皆さんにもお伝えしましたが、やはりこの勉強会で、最も多くの学びを得たのは私自身だったと思います。「愛が何よりも大事であることを伝えたい」という想いからはじまりましたが、それは、本部のＡｉ先生、私の担当の関東校の照子先生、そしてアカデミーのアセンション家族の皆さまや、高次の存在が私に愛を伝え、愛を贈り続けてくださったからこそだと思います。

勉強会では、様々なことを学び、理解できた気がします。知識も大事ですが、知識だけで終わらせないこと。自ら探求し、体験することが最も大事で、Ａｉ先生がアカデミーでよくおっしゃるように、安易に質問に答えることは相手の学びを妨げる可能性があると思いました。

そして、たとえ答えなくても、私（ファシリテーター）は質問の答えが分かっていなくてはならないということも実感しましたので、さらに学び、探求し、進化したいと思います。

Ａｉ先生、照子先生、ご指導ありがとうございました。

レポートを読んでコメントをくださった皆さま、共鳴してくださった皆さま、ありがとうございました。そして、これからも宜しくお願い致します。

現在、共同代表による検討では、今後、よりクリスタルの本来の愛と光を発現できる場づくりとして、自然体験、農業体験、科学体験、音楽、体を使うことなどを通して、「ワクワク&楽しさ全開の場」「無から有を生み出す発見と歓びが体験できる場」を創造し、先生方のご指導の元、将来的にはクリスタル・アカデミー部門も創設していきたいと考えています。

そのためにはまず我々が「愛の人（日戸）」となって、ファシリテートしていけるよう、アカデミーでの学びを進めていきます！

愛と光と祝福をこめて　幸せの依代∞幸代

Ａｉ：全四回の勉強会は、素晴らしい内容となりましたね！　参加者の皆さんも、とても大切な、本質的なことを理解されたと思います。

その本質的なこととは、宇宙の創始からも伝えられている本質的なことであり、シンプルかつ重要なことであり、ゆえにみんなのハートと魂に響くのだと思いました。

そして、まさにこれからが真の無限の創造と進化へ向かってのスタートだと思います！

みんなとのコラボで、幸せの創造！　ワクワクですね！

「ほしのたね」
ブログ　http://hoshinotanesince2011.blog110.fc2.com/
Ｗｅｂ　http://democraticschoolhoshinotane.web.fc2.com/

クリスタル助産師

いつこ：第一章でも自己紹介をさせていただきました、いつこです。私は三十年近く助産師をしており、Ａｉ先生のアカデミーの大人の部の関西校で学びながら、最近ではクリスタル・プロジェクトにも参加し、「クリスタル助産師」を目指して活動を行っています。

これまでの長年の経験で培ったノウハウや、疑問に感じてきたこと、必要と感じたことをベースに、Ａｉ先生のアカデミーでのご指導、学び、気づきが根幹となっています。

その主な内容は、「産前・産後を通しての母子のサポート」、お母さんの「女性性・母性性を深める。探究する」、「胎内からの母子の交流、コミュニケーション」などが中心となっています。

具体的には、例えば「体調の変化」についてですが、これまでの経験や医学的見地から、まさに「病は気から」と言うように、意識（エネルギー）しだいでコントロールできることも多いのです。

そのためには愛に基づいた意識のあり方、ハートの活性化とそのセンタリングが重要です。

妊娠中の親子の対話もとても重要です。実際に話しかけること。そしてハートの会話を楽しむこと！　そうすると、母子ともに素晴らしい体験をすることができます。

それは親子の愛の相互作用であり、お互いの命を愛おしむことであると感じます。

そしてそのエネルギーは、分娩時に最高潮となります。

呼吸法やリラックス法も活用し、そして分娩は親子にとって素晴らしい「アセンション」の体験となるのです！


また、妊娠中や、産前・産後の親子のヒーリングもとても重要で、効果があります。

私も助産師&メディカル・アロマセラピストとして、アロマオイルのアドバイスや使用法の実践も指導しています。特に妊娠期には、オイルの使用には厳重な注意が必要です。


今後は、出産前後や出産後も、クリスタルやアセンションについて、親子でより深く学んでいただけるよう、私も日々学びと実践を続けています。

また今後、助産師間の連携も行い、全国展開も検討していく予定です。

本書においても分かりますように、地上に降りてきたいクリスタル連合たちのための準備として、それらがとても重要だからです。

親子の絆の基盤は愛であり、愛の交流です。それは素晴らしい出産にもつながります。

また、分娩が差し迫ってくると、痛みや苦しみが増してきますが、この時に、あるリラックス法と、胎児も頑張っていることをお母さんにお伝えすると、急に穏やかな表情になるんです。そして多くのお母さんが、痛みを少しずつコントロールできるようになります。

人は自分のためより、ほかの人のためを思うと、不思議に力が湧いてきます。

それが愛しいわが子のためなら、なおさらですね！

そして我が子は、母である自分にしか護れないことに気づくんですね。

その結果、何が何でも自分で産むんだ！　という前向きの姿勢を取り戻します。

ポジティブ100％ですね！　そうすると分娩そのものが、自らが創り出すプラスのイメージに近づいていくようです。

やはり、アカデミーで学んでいる宇宙の創造の法則、イマジネーション（想像）＝クリエーション（創造）なのですね！

そして人は心（アカデミーでは、ハートと魂）を開いて、そこに集中すれば、自己の現実が創り出せるということを長年の経験から実感しています。素晴らしいですよね！

「お母さん、やっと会えたね！　お母さんの抱っこ、とても気持ちいいよ！　命がけで生んでくれてありがとう！」というクリスタルたちの嬉しそうな声が聴こえてきます！

分娩は、クリスタル赤ちゃんとお母さんの、初めての共同作業だと言えます。胎児は狭い産道を通る時に、頭の骨を重ね合わせて小さくしたり、産道の一番広い所を選ぶように回転したりと、一生懸命に工夫します。

お母さんは、自らの命をかけ、強い意志をもって、人生のビッグイベントに望むのです。

「生まれたい！」「産みたい！」。分娩という素晴らしい初体面の儀式に向けて、親子が同じ考え、同じ心、同じ目標を持ち、一緒に励ましあいながら努力する中で、真の愛が育まれていくと感じます。

このように観ていくと、親子、特に母子の深い絆と命の根底には、膨大な愛が存在し、育まれていることがわかります。まさに人（日戸）は本来、愛そのものの存在であると感じます。

Ａｉ：とても重要な内容ですね！　まさにアセンションの体験、愛の体験そのものであると思います。その根本を、お産の時にも体験できるということですね！

いつこ：はい、そうなんです！　産婦さん自らが自己の意識を変えることで、痛みをコントロールできるようになります。これができると、呼吸がスムーズになるので、酸素の取り込みが十分となり、胎児がとても元気でいることができます。

だから、産婦さんの意識をシフトさせられるよう、サポートできるかどうかが助産師である私たちの課題であり、力量が問われるところだと感じています。

私がアカデミーに参加して一か月になる頃に、アセンション日記として、分娩介助の体験を書いたのを今、思い出しました。その日の深夜に、ある産婦さんの分娩が始まりました。命の現場では、一瞬、一瞬が真剣勝負！　母子二人の命がかかっている。これまでの経験や知識、すべての感性を研ぎ澄ませての考察、判断の連続です。そして私は常に「中今」で、「愛全開ＭＡＸ」で臨んでいます。

産婦さんは、入院時にはかなり緊張されていて、体がカチカチで、つらそうな声を発しておられましたが、やさしく声をかけ、呼吸法をともに行い、進行状況をわかりやすく説明していくと、しだいにリラックスされて、分娩に向かって気持ちが前向きになっていきました。

「私ががんばらないと！　この大切な命を守るために！」というポジティブな思考です。

この状態に持っていけるかどうかが、まさに助産師の力量にかかっています。

そして、「何があってもあなたのすべてを受け入れますよ」という大いなる心で接しないと、信頼関係は生まれてきません。

その結果、入院して二時間足らずで、母子とも無事に分娩が終了しました！

産婦さんから、「助産師さんから勇気をもらいました。エネルギーをもらいました。あなたで良かった……！」という言葉をかけていただいた時、「その言葉が私の明日からの仕事の糧になります。ありがとうございました！」と心からお返ししました。

これも愛の相互作用だと思いました。やはり、助産師は私の天職！　しっかりハートにフォーカスし、愛全開ＭＡＸで実働することがライフワーク＆ライトワーク！　それに気づかせていただき、ありがとうございます！

Ａｉ：現場で実践されているこのワークそのものが、愛のワークですね！

いつこ：はい、ありがとうございます！

Ａｉ：ところでここに出てくる「リラックス法」というのは、いつこさんの長年の経験からの独自のものですか？　そのエネルギーは、まさに愛から来ていると感じます。

いつこ：私の経験からの独自のものです。お産そのものや経過は、産婦さん一人ひとり皆違いますので、その人や状況に合わせて、心を込めていろんなお話もさせていただいています。

「どうしていつこさんに担当を交代すると、産婦さんは、落ち着いて静かになるんやろ？」と言われるのは、そのためでしょうか！？

Ａｉ：はい、それがこれからますます、「クリスタル助産師」としてのいつこさんとその活動に、最も重要なポイントとなっていくでしょう！

胎内から、そして出産後も、親子の愛の交流はとても重要ですし、これからもクリスタル親子にどんどん拡がっていくとよいと思います！

ますますクリスタル助産師、愛の助産師、カリスマ（！？）助産師として、素晴らしい愛のライフワークとライトワークを拡大していってください！


「クリスタル助産師　いつこのブログ」http://w-crystal.jugem.jp/

愛の保育士

ＹＯＫＫＯ：長年、大好きな保育士の仕事をしているＹＯＫＫＯです。
Ａｉ先生のアカデミーの関西校で、愛を学ぶようになり、私の日々の保育士としての在り方にも変化が現れました。「この愛を知ってもらいたい。伝えたい」と思うようになりました。

そして少しずつ、アカデミーで学んだことを子供たちに実践していくことが多くなりました。以前は、教育とは？　躾とは？　などについて、様々なことを考えていましたが、行き着く根源は、やはりハートだということに気がついていきました。

そしてクリスタル・プロジェクトに参加するため、二〇一一年十一月に、Ａｉ先生の個人セッションを受けました。

日々、子供たち、クリスタルたちと接し、その育成に関わっており、お母さんたちと接することも多いので、私とハイアーセルフの心からの願いとテーマは、「愛を源にしたクリスタルの育成を行っていきたい」というものでした。

それに対してＡｉ先生は、クリスタルについて様々なことを教えてくださり、日々のクリスタル保育についての様々な案をともに考えてくださって、ヒントもたくさんいただきました。

その中での私からの質問に対し、Ａｉ先生は次のように答えてくださいました。

ＹＯＫＫＯ：子供は、みんなクリスタルなのでしょうか？

Ａｉ：クリスタルとは、大人も子供もその本来の姿であると言えますので、みんな、本来はクリスタルであると言えると思います。

しかし地上では、環境の影響も大きいです。親が（アセンション）ライトワーカーであれば、子供もクリスタルである可能性が大きいです。また、特に二〇〇〇年以降に生まれた子供のほとんどは、クリスタルだとも言われています。

YOKKOさんのクラスの中には、今どれくらいの人数のクリスタルがいると思いますか？

YOKKO：明確にクリスタルだと感じる子供は、二、三人くらいだと思います。

Ai：YOKKOさんがそれらの子供たちを「クリスタル」だと思う理由は何ですか？

YOKKO：これまでは、一般的な教育観で観ると、少しやりにくい子という認識でいたのですが……？

Ai：クリスタルの子は、一般的に、とても協調性があって、優しく、感受性が豊かで、頭が良く（勉強ができるという意味だけではなく）、大人のような思考と知力を持っている子が多いですね。大人の話もとてもよく理解している子が多いです。

特に男の子で、インディゴ色が入っている子は、意志が強く、言い出したら聞かないという面も。

エネルギーにとても敏感で、食べ物の好みも、オーガニックや手づくりを好むなど、大枠では共通していますが、各自の特性もありますね。そして全体的に、美しいものが好きですね。

YOKKO：子供たちの教育とは？　躾とは？　について、いつもものすごく考えてしまうのですが、そこに私の既成観念やエゴなどないかと心配にもなります。
勉強に興味のない子に対しても、やっぱりやる方向に向かわせるべきなのかなど、いろいろ悩んでしまうのです。

Ai：（科学の専門家などを目指さない限り、学校で学ぶことは、大人になったり社会に出てから本当に必要になることはとても少ないと思うのですが）読み書きや算数なども社会生活では必要ですし、どんなことでも、その中に「楽しさ」「面白さ」を発見することができると思います！
特に子供たちは、「楽しいこと」が一番好きですから、「何々しなさい」「何々すべき」ではなく、その中にどのような楽しいことを発見していくか、というアプローチが大事だと思います。
例えば難しい方程式が解けた時など、何かをやり遂げた時には達成感がありますし、自信もつきますよね。

YOKKO：子供たちに与えられる環境で、特に大事なことは何でしょうか？

Ai：できるだけよいエネルギー、よい波動、そして美しいものをたくさん見せてあげられるとよいと思います。そしてイマジネーション、想像力、創造力の活性化であると思います。自然との交流も大事ですね。既存の、でき上がった、与えられたおもちゃばかりではなく、自ら、無から、何かを生み出していく力！　それがモノがあふれてしまっている現代の、特に都会の子供たちにとって、とても重要であると思います。

以上のような、とても貴重なお話をいただきました。私の勤務する保育園では、クラスのカリキュラムの多くが担当の保育士に委ねられていますので、Ａｉ先生からのこうしたアドバイスを基に、その後の展開を検討していくことに決めました。ハートと魂の育成を目指し、まずは例えば自分の好きな絵を活かして子供たちにも指導したり、素晴らしい内容の本の読み聞かせや子供たちとの交流などです。そして、いよいよ本格的にクリスタル保育士、愛の保育士として始動するべく、日々学びと実践を進めながら、愛のクリスタル保育日記をブログでも発信していくこととなりました！

次のコンテンツは、そのクリスタル保育日記の、Ａｉ先生とのコラボです。

ＹＯＫＫＯ：保育園での生活は、社会へ出る第一歩だとよく言われます。親と離れて初めて集団の中で生活をするからです。親にとっても、子供にとっても、大きな第一歩です。

保護者の方とお話していて一番多く出る問題の一つは「時間」についてです。子供が時間の感覚がないというお話が多いです。決められた時間内で行動するというのは、社会のルールであり、集団生活の中でもルールを守らないと、全体に迷惑がかかるからです。

先日、クリスタル・チルドレンを持つ親の皆さんと、お話する機会がありました。そこでクリスタル・チルドレンの共通事項として、時間の感覚が特殊だということを伺いました。私も、ここ最近の子供の傾向として、とてもマイペースでゆったりとした子がずいぶん増えたなと感じます。子供たちは、決して時間を合わせられないわけではないのですが、自分にとって心地よいペースで動くのです。しかし今の教育制度の中では、どうしても決められた時間を守るのが重要となっています。

私が今、大事だなと思うのは、何でも自主的に行動する力だと思います。何がしたくて、そのために何が必要で、今何をすべきかを自分で考え、自主的に行動する。それこそ、社会に出るために大切なことだと思います。

何をするのかは、ハート＝心のワクワクする、本当にしたいこと。時間は、大人が決めるのではなく、目標に向かって子供自身が決める。

そして、ただ一つルールがあるとしたら、「愛」です。大人は、子供たちが自分自身でワクワクする未来を切り開いていく、その力を育んでいく。

そんな保育、教育がしたいです。まずは、ハートの保育をコツコツと！
明日もハートの保育がんばります！

Ａｉ：ＹＯＫＫＯさんが書かれている通りだと思います。そしてクリスタル・アカデミーで子供たちを観てもそう感じますが、そのお母さんたちからも、「クリスタルは独特の時間感覚を持っている」という意見が多いです。

例えば、朝のあわただしい時間の中で、普通の大人から観たらハラハラするような時も、いたってマイペースでゆったりしていて、しかも、なぜか時間に間に合ってしまうという（笑）。これはまさに子供の特性、本来の魂の特性とそのパワーを表していると言えます。

すなわち、真に魂＝ハイアーセルフと一体化していると、自己の望む現実を創ることができる、というパワーです。

現在、アカデミーの大人の部の入門・基礎コースで、皆さんがワクワク楽しく進めている内容でもありますので、このままワクワク進めていきましょう！

ＹＯＫＫＯ：Ａｉ先生、ありがとうございます！　アセンション学に基づいた保育。それを伝えていくことに本当にワクワクします！　これが、私のしたかったことだと思います！

自分自身がまず時間をコントロールできるようになって、がんばります！

二〇一二年一月二十五日

ＹＯＫＫＯ：私たちの保育園では、まもなく劇の発表会を控えています。私も保育の合間に劇の大道具を作っていると、子供たちから「先生〜私も手伝う！　僕も！」と嬉しい声が！

大きな大きな紙にお城の絵を描いていたのですが、みんなで一緒にクレパスで色を塗ったり、折り紙でちぎり絵をしたりして二日間かけて仕上げました！

「先生、ここも塗った方がいいよ！」など、意見も出し合って、楽しくコラボしながら大満足の作品となりました。流感で休んでいたお友達が元気になって登園してきたら「びっくりするだろうね！」ともうみんなワクワクです。

子供たちとともに真剣に何かに取り組む時、楽しくて幸せで、私のハートがキラキラするのが分かります。子供たちのハートもより一層キラキラ光り輝いています。

大人も子供も、手を取り合って、お互いを尊重しあうこと。そこには、喧嘩や孤独がなく、愛の場、愛しかありません。

明日も、ワクワク子供たちとともに愛いっぱいの一日を過ごしたいと思います。

Ａｉ：子供たちは、そのキラキラのハートのまま、さらにもっと大きなハートの大人となり、ぜひ素晴らしい愛と光の使者になっていってほしいですね！　四才くらいからの記憶は終生持ちますので、保育士の先生の役割はとても大きいですね！

二〇一二年二月一日

ＹＯＫＫＯ：今日の愛の保育日記は、「言葉」についてです。

先日、保育園で節分の紙芝居を読んでいたら、「いくさ」という言葉がでてきたので、「戦争」ということだよと説明しました。「戦争」と説明しなおすと、なんとなく理解できる子もいましたが、「ぼく、戦争すきー」「ぼくもー」と、二人の男の子が言い始めました。

私が「みんなは、どう思う？」と聞くと、Ａちゃんは、「お母さんもお父さんもみんないなくなってしまうんだよ！」Ｂちゃんは、「てっぽうとかでうちあうんだよ。ぜったい嫌だ！」

Ｃくんは、「やったー。てっぽうでうちたいもんねぇ〜」Ｄくんは、「ぼくも〜」と、ますますヒートアップしたので、私からみんなに、「先生も戦争って、テレビとかお話でしか知らないけど、人と人が傷つけあうのはとても悲しいです。みんなは、絶対に戦争なんか嫌だって思ってい るよね。みんな、大きくなったら、どういう大人になって、どういう地球に住んでいたいかな？」

と聞きました。すると、Eちゃんは「みんな、なかよしがいい！！」、Fくんは「レスキュー隊に入って、みんなを助ける！」と、やっと場の空気がキラキラし始めました。

私は「そうだよね。みんながそうやってハートで想っていることは、絶対そうなるから大丈夫だからね。Cくんも、Dくんも、本当はそんなこと思ってないもんね。だってCくんも、Dくんも、めちゃくちゃ優しくて、ハートがキラキラしてるの先生知ってるもん」というと、他の子供たちも、「そうそう、CくんもDくんも優しいのしってる～」と言っていました。

CくんとDくんは、照れているような、気まずいような、何ともいえない表情でした。けっして、CくんもDくんも、心から戦争がいいなんて思っているわけでもなく、ただ、ちょっとふざけて言ったことが、おさまりつかなくなってしまっただけだと思います。そして、まだ本当に戦争を理解するには難しい年齢だと思います。

でも年齢に関係なく、いろんな言葉や知識は、この情報社会の中では、たくさん入ってきてしまいます。「戦争」ということもあまり口にしたくないし、子供たちの耳にいれたくありません。でも、絶対いつまでも避けては通れないもの。

そして後でもう一度、CくんとDくんと私の三人でお話をしました。しかしまだ「だって、てっぽうすきやもーん」と言っていました。どうしようかなぁと悩みましたが、「じゃあ、先生の気持ちを言わせてね。先生は、二人が本当に心からそんなこと思っているとは思わないけど、聞いていると悲しい気持ちになってしまったの。悪い言葉ばっかり使っていると、けんかになったり、お友達がどっか行っちゃうよね。みんなが嬉しくなる言葉を使うと、仲良しになるし、楽しくなるよね。言葉は、とっても大切。本当の気持ちをお話するようにしてほしいな」と、真剣に伝えました。すると、ずーっと黙ってお話を聞いてくれていました。

真剣に子供たちと向き合って、想いを伝えられたことは、良かったと思っています。

子供たちは、みんな愛と光そのものの存在です。しかしこれからも、いろんな情報や環境にさらされて大きくなっていきます。

私は、その都度、子供たちと真剣に向き合っていきたいなって思っています。

Ａｉ：今回のテーマは、子供たちの現代の環境として、最も大きな問題の一つであると思います。特にテレビやゲームでよくある「戦闘物」などの影響ですね。その影響は、大きな社会問題にもなっていますので、皆さんもお気づきかと思います。美化する。カッコイイ。流行っていると、知らないと仲間はずれになる、と考えるお母さんも多いようです。

クリスタルは、マイ・ベスト・ペースの子が多いので、当てはまらないことが多いですが。

流行りなどはあまり関係なく、「本質」を見抜きますので、むしろ「戦闘物」を避ける子のほうが多いですね。

一般的には、特に男の子がヒーローに憧れるのはよく分かりますし、必要な要素とも思いますが、たんに美化したり、流行りにとらわれるのではなく、ＹＯＫＫＯさんの子供たちへの説明のように、「現実」をしっかりと伝え、教育していく必要がありますね！

そして何よりも、心＝ハートと魂の成長に真にプラスとなる、よりよいコンテンツを、どんどん創っていく必要があると思います！　実際に今、東西のクリスタル部会でもそれをテーマとしています。

そしてＹＯＫＫＯさんのように、日々、子供たちへ伝え、ともに考え、感じ、創造していくこともとても重要ですね！

ＹＯＫＫＯ：はい！　愛の保育士として日々がんばります。子供たちを愛して、ハートで「保育」していきます！

Ａｉ：子供たちのヒーローへの憧れは理解できますが、愛をもって、現実も正確に伝え、ともにみんなで考えていくということは、とても重要な教育とコラボになりますね！
二〇一二年二月五日

YOKO：今日のテーマは、「一人ひとりに応じた保育」です。

私の勤めている保育園は、保育園というよりは幼稚園的で、お勉強、体育、音楽、図画工作などの科目が日々のカリキュラムに組み込まれており、まんべんなくいろんなことを行っています。テーマと時間の枠は決まっていますが、内容の検討や展開は、保育士が行えることが多いです。私の受け持っているのは五歳児のクラスですが、もうすぐ就学なので、お勉強も週二回の文字の習得や、簡単な数字の応用問題などを中心に行っています。

今日も、お勉強の時間がありました。私自身の子供の頃は、あまり勉強に興味がなく、お勉強が楽しかったという記憶がほとんどありません。

そしてやはり保育園のクラスの中にも、何人かはすでにお勉強に対して苦手意識を抱いている子がいます。私自身も、勉強に対して自主的に興味がでてきたのは中学生になってからで、それまでは親が心配するほどマイペースな子供でしたし、「この時期にこれができなければ遅れている」とか、「これができなければおかしい」というような評価は、場合によっては逆に成長の妨げになるのではないかと思います。

しかし、勉強が苦手な子供や、他の子と比べて違うところがある子供の親からすれば、心配になるのは当然です。勉強は就学からずっとついてまわるので、できるにこしたことはありませんが、私が子供の時は、大好きなお絵かきを思う存分楽しんでいましたし、それが現在の仕事にも役立っていますから、子供の頃に興味があったことが大人になって役に立ったり、興味のあることを存分にすることで、それが自信につながって、他のことも伸びてくることが大いにあるのではないかと思います。

一人ひとりに応じた指導の仕方もあると思うし、みんな一様ではないと思います。

今日は、そんなことをいろいろ考えながらお勉強の指導をしていたので、勉強に苦手意識を抱いている子たちに対し、どこが分からないんだろう？　こうすれば、分かるかな？　と工夫しながら進めました。すると苦手だと言っていた子たちの表情がイキイキとして、お勉強後には、「先生～、疲れたけど楽しかった！」って言ってくれました！　本当に嬉しそうでした！　私も、本当に嬉しかったです！

子供たちは、無限の可能性と、それを切り拓いていく力を持っていると思います。

私たち教育者や大人は、子供たちのその可能性と力を摘み取らないよう、より良い環境を整え、サポートしていきたいものです。私は、そんな保育を目指します。

明日も子供たちのハートをみつめる保育がんばります。愛と光に輝く子供たちのために。

Ａｉ：この「一人ひとりに応じた保育」の内容は、まさにＹＯＫＫＯさんのクリスタル・プロジェクトの重要なテーマですね！　そしてまさに、その素晴らしい実践となっていると思います！

大人もですが、特に、本当は子供は、真にハートと魂がワクワクすること＝ハイアーセルフのミッションしかしたくないのです。

また、どんなことにも面白さ、楽しさ、意味、価値を発見していけますし、その発見そのもの、そのための導きも重要です。

一人ひとりのハートと魂のミッションをぜひサポートしていってあげられるとよいですね！

ＹＯＫＫＯ：はい、一人ひとりに応じた保育＝一人ひとりのハートを見つめる保育なんだなぁと感じます！

Ａｉ：その通りですね！

ＹＯＫＫＯ：私も楽しみながら、日々学び、実践していきたいと思います！

二〇一二年二月八日

ＹＯＫＫＯ：今日のテーマは「反省」です。地域で大規模な幼児ドッジボール大会があり、うちの保育園からも選抜された子供が出場します。その子供たちは、みんなドッジボールが大好きで、この大会に向けて何か月も練習に励んできました。大会が間近ということもあって、どの子も練習に参加するために、給食も速く食べ終えて、歯磨きや身支度を自主的に素早く終わらせ、練習に行くのを今か今かと待っている状態です。ドッジボールの指導は男性の保育士が担当していて、練習風景を見てもとても厳しい感じがします。それでも大会に出る子供たちは、一人も嫌がっていません。この練習を通してとてもたくましくなって、見違えるほどです。

そして今日も練習に参加する子供たちは、みんな準備万端で練習に行くのを待っていました。そんな中で、出場予定のA君は、まだほとんど給食を食べ終えていなくて、周りの子と楽しげにお喋りしていました。A君には、ほとんど競争心というものがなく、行動がとてもゆっくりです。そして、常にふざけているようにみえます。ですから毎回A君を練習に送り出すのがひと仕事です。A君も、もちろんドッジボールは大好きですが、他の子のようにそれが行動として表れません。だから、他の子と同じようにがんばる気持ちをみせて欲しいなと思っていましたが、今日は、ついに練習時間までに準備が間に合いませんでした。あとから練習に参加するのも可能でしたが、A君のがんばる気持ちが観たくて、私は「A君、ドッジボールをがんばる気持ちはあるの？　あるんだったらホールに連れてってあげるから言ってね」と言いました。A君は、初めのうちはモゾモゾしていましたが、そのうち気が散って他の子と遊び始めてしまい、今日の練習には参加しませんでした。A君は、もしかしたら本当はドッジボールがそれほどしたくなかったのかな？

と考えましたが、A君なりにがんばっている姿も、ちらほらと頭をよぎりました。

そうだ！　A君なりにがんばっていたんだ！

競争心がないことも優しさの表れだし、常にふざけているようにみえるのも、お友達の笑顔や一緒に楽しむのが好きなだけ。がんばる気持ちの表れ方は、みんな一様ではない。

A君のがんばっているところに、もっともっとフォーカスしてあげればよかった……。

私にとって都合のいいがんばり面だけにフォーカスし過ぎていました。

一人ひとりに応じた保育を目指していたのに、今日は、その大事さにあらためて気づかされました。

明日から、子供たちのハートだけみつめていきたいと思います！　A君、明日もみんなで一緒にがんばろうね！


Ａｉ：みんなで力を合わせてがんばることも大事ですが、周りに流されず、自分をしっかり持つということも大事であり、それもクリスタルの特徴の一つですね。

A君のハートと魂が、真にワクワクすること、真にやりたいことは何でしょうか？

それについて、A君とぜひ対話してみてください。

YOKKO：Ai先生、やっとドッジボール大会が終わり、大会中、A君はずっと笑顔で、「お友達やみんなとともにあること」を楽しんでいました！

照れ屋のA君からいろいろ聞くのは難しそうですが、じわじわ引き出していきたいと思います！

Ai：それがまさに、今、大人のアカデミーでみんなが学んでいる、相手のハイアーセルフ＝ハート、魂をチャンネルする、キャッチする、ということですね！ とてもよい練習、訓練、実践となっていくと思います！ そして一部、すでにチャンネルして書かれていると思います。A君は、「お友達やみんなとともにあることを楽しんでいる」など。

子供たち全員とともに、一人ひとりの愛と光とワクワクを伸ばしていくことは大変だと思いますが、みんなのハートと魂のワクワクキラキラの中で、ぜひ楽しくがんばってください！

YOKKO：昨日は子供たちに、ご飯をいそいで食べてでもやりたい「楽しいこと」について聞いてみました！ A君は、ニコニコ笑ってみんなの話を聞いていましたが、「お外と、遊びー！」などいろいろな意見がでました。

そしてなんと昨日の職員会議では、「子供たちの自主性」というテーマが議題となり、来年度からは、子供たちの「生きる力」＝思う力、感じる力、考える力を育む、という方針で進めていこうよ！　ということになり、いろいろと保育に取り入れていく方向となってきました！　これまではみんな、既存の型にはまっていましたので、信じられない展開です。

周りもじわじわ変化してるなぁーと、とてもワクワクしています！


Ａｉ：素晴らしいですね！　やはり、クリスタルたちのハートと魂の成長に関わる動きとなってきたので、高次のサポートもあり、全体的にも動いてきたのだと思います。

今後の展開がますます楽しみですね！

「子供たちのハートと魂が、真に何を望んでいるか」

「子供たちのハートと魂の成長に、真に何がプラスとなるか」

ということを主眼に、進めていくとよいと思います。


ＹＯＫＫＯ：ありがとうございます！　私はまだまだ三次元の観念がちらついて、保育の中で迷うことがあります。でも、やっぱりハートの感覚にしたがっている時が一番しっくりくることも、楽しいことも実感しています！

愛の星はこうやって創っていくんだなって、ふと思いました！

「子供たちのハートと魂が、真に何を望んでいるか」

「子供たちのハートと魂の成長に、真に何がプラスとなるか」

今まさにこうあるべき必要性を感じていて、これを保育指針とし、進めていきたいと思います！　ありがとうございました！

Ａｉ：まさに、真の「愛の保育士」の始動、スタートですね！　日々実践し、深め、高めつつ、ぜひお母さんたちへも伝え、未来の愛と光を担う子供たちのハートと魂の進化をサポートしていってあげてください！

二〇一二年二月十八日

愛の保育士ＹＯＫＫＯのクリスタル・アセンション・ブログ
http://crystal-yokko.jugem.jp/

心の栄養士

日咲：心の栄養士＆ヒーラーの日咲です。アカデミーの本部のＡｉ先生や、中部校のひふみ先生のご指導の元、三十年以上の栄養士としての学校勤務の経験や、アート・インストラクター、セラピストの資格などを活かして、私のクリスタル・プロジェクトはホリスティックな「心の栄養士」を目指して日々活動しています。

Ａｉ先生のアカデミーに参加してからは、アセンション、ライトワーク、エネルギーについて、特に愛と光について、本格的に、体験を通じて学んできました。

先生方のご指導の元、これまでのすべてもサイエンスとしてホリスティックに統合していくことができ、現在の心の栄養士＆ヒーラーとしての活動となってきました。先生方の多大なるサポートの賜物です。

そしてともに学ぶ仲間は家族のようで、深い絆で結ばれ、和と輪をみんなが大切にしています。先生方は一人ひとりの成長を温かく見守ってくださいます。そしてとても楽しいです。

アカデミーで学んだことすべてが、実生活とライトワークの中で活かされています。

そしていつも、愛と幸せで満ち溢れるようになってきました。

私のクリスタル・プロジェクトは、一人でも多くの人が、「生まれてきて本当によかった」「今が最高と思える」「毎日が楽しく、ワクワク」となるように、少しでも皆さんのお役に立つことが目標です。

「おかげさま」「ありがとう」という大和の和と輪の精神と、美しい言霊も大切にし、伝えていきたいと思っています。

それらをテーマに、保育士さんたちを中心としたセルフヒーリングの勉強会や、様々なアセンション・アートの講習会などを行っています。
保育士さんたちの勉強会では、「栄養、食、心、言霊」についてや、「心とからだをほぐす方法」について、そして「クリスタルボウル」を使ったヒーリングについてもお伝えしています。
アセンション・アートのブリザードフラワーでは、大和の心、和の心についてもお伝えしています。
そして自身のアカデミーでの学びでは、その成果の一つとして、初孫のハイアーセルフである「アース」とコンタクトができるようになりました！　以下はそのコンテンツです。

日咲：「人が生まれてくる時はとても楽しくて、ワクワクと喜びの心のまま生まれてくる」ということを聞いたんだけど、私にはその記憶がないの。アースはどう？
「愛ってな～に!?」

アース：ぼくはあるよ。赤ちゃんは、寝てるか、おっぱいを飲んでいるかだけに見えるだろうけど。

日咲：アースは寝ている時にニコニコ笑ったりしているけど、そういう時は夢を見てるの？

アース：大人から見たら夢だと思うかもしれないけど、ぼくにはそれが現実なんだ。ファンタジーやSFの世界さ。それをアストラル・トラベルとも言うよね。赤ちゃんは、人間に慣れていくために、少しずつ訓練しているんだ。

ぼくは幸せいっぱいだよ。楽しいし、だからニコニコ笑っているんだ。妖精や天使やペガサスや、みんなと遊んでいるんだよ！

日咲：最近は生まれてくる前の記憶がある子供がいるって聞くけど、アースもそうなの？

アース：使命を持って生まれてくる子供たちは、生まれる前の記憶を持っているよ。ぼくたちは、愛と光を届けるクリスタル・チルドレンで、光のオーラを持っている。

日咲：愛と光の使者なんだね！

アース：そうだよ。ぼくたちは、宇宙のまんなかの愛と光から生まれたんだ。宇宙のすべてがそうだけど。人もみんなそうだよ。

日咲：光はわかりやすい感じがするけど、愛って意外とみんなにはわかりにくいと思うんだよね。アースの言う愛はどんなもの？

アース：愛は創造。愛は拡がっていく。愛はふわふわして、あたたかくて、やさしくて、あかるくて、しあわせ。笑顔も愛だよ。お日さまも愛だよ。

日咲：この地球にも、愛がさんさんと降り注いでいるということだね！

アース：人に愛って言っても、本当は知っているのに、分からないって言うんだよ。本当はすべてが愛だから、その中にいるとかえって分からないのさ。

日咲：ロード・キリスト（マスター・イエス）は、愛というエネルギーを地上に降ろしたって聞いたことがあるけど、人と人をつなぐために愛が必要だってこと？

アース：そうだよ。愛を、みんなに分かるようにひと言でいうと「ありがとう」だと思うよ！「ありがとう」を言えることが愛だと思うな。

日咲：つまり「ありがとう」を言葉や行動で表して、創造していくことが愛なんだね！

アース：そうだよ！それが宇宙の言葉。言霊。真理だよ！

日咲：なーんだ。それなら本当はみーんな知ってる、みんなに分かる宇宙の真理だね！　簡単だね。とってもシンプル。でも奥が深い！

アース：一人ひとりが「ありがとう」をたくさん、たくさんこの地球で拡げていったらいいと思うよ！

日咲：アースくん、ありがとう！

アース：グランマ（おばあちゃん）ありがとう！　また、たくさんお話しようね！

「日本の役割と大和魂」

日咲：日本は黄金の国とか、不老不死の国とか、桃源郷とか言われる伝説があるようだけど、それはどうしてかな？

アース：日本は大和《やまと》とも呼ばれるよね。「大和魂」と言われる日本人の魂が、真に目覚めた時に、日本が本当に黄金の国、ジパングになるっていうことだよ！

日咲：日本人の魂が真に目覚める時って、Ａｉ先生が書かれた「天の岩戸開き」の本に書かれている内容のようなこと？

アース：そうだよ！　日本には大和魂を開く鍵があるんだ！

日咲：大和魂を開く鍵って何かな？

アース：大和魂を開く鍵とは、一人ひとりの愛と光の中心のことだよ！　つまりハートと魂を真に開くと、アセンション・スターゲイトが開いて、自分と宇宙の根源につながって、黄金の菊のように輝きはじめるんだ。それが大和魂の印でもあるよ。
それがアセンション（神化）だよ！　その進化（神化）のために、本気で、気愛で、あらゆる場面で、あらゆるものに、今というこの瞬間、瞬間に全身全霊で愛を注ぐんだ！
そのためにぼくたちクリスタルがサポーターとしてきているんだ。

日咲：じゃあクリスタルたちは、生まれた時から「大和魂」ということなんだね！

アース：そうだよ！　ぼくたちクリスタルは、みんな魂全開ＭＡＸだよ！

そして、本当は日本人のすべても、みんな生まれて来た時、「大和魂」なんだ！ それを忘れているから、思い出すにはアセンションのために働くことが早道だし、生まれてきた真の目的を思い出す早道なんだ。

日咲：グランマも、Ａｉ先生のもとで勉強して、やっと大和魂を思い出したの！ アセンションのために働くことができて、すごく嬉しいよ！

アース：一緒に「大和魂」で、この日本を黄金の国にしていこうね！

Ａｉ：日咲さん、アースくん、とっても素晴らしい会話ですね！ （地上セルフのアースくんとも早くお話したいです！）

日咲　クリスタル・アセンション・プロジェクト　http://hisa888.sakura.ne.jp/
「心の栄養士」ブログ　http://ohisama888.jugem.jp/

ハートのアカデミー

Ryo：ハートのトレーナー、風水鑑定士のＲｙｏです。

Ａｉ先生のアセンション・アカデミーの関西校に入学する前は、まだ会社に勤めながら風水や心理学の勉強を続けていましたが、まだ自分とハイアーセルフが本当にやりたいことや、今生のミッションについては分かりませんでした。

Ａｉ先生のアセンション・アカデミーでの最初の学びは、実際にエネルギーを感じられるようになること、エネルギーを出せるようになることを重要視して展開されていきます。

その中で最も重要なのは（本来は誰にとってもですが！）「ハート」の活性化です。

そして自分とハイアーセルフがまずは関心があることを通して、ワクワク楽しく進んでいきます！

私の場合は、アカデミーに参加して間もないある日のこと、エネルギーを感じる訓練の一環として、メンバーの友人数人で、エネルギーのよい神社へ行くことになりました。連れていってくださった先輩や、同じ頃にアカデミーに入学したメンバーは、その場所でいろいろとエネルギーを感じられていたようですが、当時の私は鈍感だったせいか、「ハテナ？」の部分が多かったのを覚えています。

アカデミーの基本やセミナーだけではエネルギーが分かりにくい（と思いこんでいる！）人に対しては、Ａｉ先生はよくこのように、好きな場所、リラックスできる場所での体験を勧められます。

その後もこういった場所で楽しく訓練を続けているうちに、少しずつ「エネルギーを感じる」ということが分かってきました。

アカデミーでの重要な学びとともに、それが少しずつ大きくなり、様々な角度から感じられるようになっていきました。

そしてＡｉ先生の個人セッションでもじっくりと指導を受け、相談し、アドバイスをたくさんいただき、私のクリスタル・プロジェクトとして、これまでの様々な学びや資格も最大に活かし、「笑顔ネットワーク」を立ち上げました。その中で、子供たちのハートと魂の活性化をサポートする「ハート・アカデミー」と、大人の部の「風水アカデミー」を展開しています。

「ハート・アカデミー」での、ハートと魂の活性化のトレーニング「ハートトレ」は、右脳開発トレーニングの経験も活かした延長線とも言えますが、実は「ハート」は右脳活性化のための本質、本源であるとＡｉ先生から学びました。

そして結果的に、右脳＝イマジネーション、創造力も活性化していきます。

ご参加のお母さんたちからも、「うちの子は、今までは自分から話すことが少なかったのですが、ハートトレに参加してからはいろいろな話をするようになってきました」などのお話をいただいています。

現在、「ハート・アカデミー」の「ハートトレ」は、大阪府と京都府で開催していますが、「子供たちのサポートにはお母さんたちも重要」とのＡｉ先生のアドバイスの下、今後、お母さんたち向けや、親子で楽しく参加できるプログラムも増やしていく予定です。

次に「風水」についてですが、よりよい環境の創造はアセンションにとっても重要ですので、こちらもＡｉ先生のアドバイスを元に、より素晴らしい展開となっています。

「風水アカデミー」では、これまでの風水の考え方だけではなく、「アセンション風水」なる新しい分野の構築へ向けて日々進めています。

よりよい環境づくりは、モノや場所だけではなく、その基本、原点は人の意識、心、ハートであるとＡｉ先生から学びました。

そして実際に、参加者の皆さんからは、アセンションに関心を持つ人たちが増えつつあり、Ａｉ先生のご指導の下、アセンションの勉強会も始動しています。

今後も、子供たちが本来持っている力を発揮できるように、お母さんたちとともに、子供たちのハートを育てるサポートをしていきます！

笑顔ネットワーク　http://www.egao-network.jp/index.html

宇宙維神塾

宙太：「宇宙維神塾」の塾長、宙太です。Ａｉ先生のご指導の元、私のクリスタル・プロジェクトとして、第一章での自己紹介のように、地元の太子町で、「宇宙維神塾」を開校しました。
その内容は、第一章でのご紹介のように、「和をもって貴しとなす」の大和の心を基本に、少林寺拳法の精神の「力愛不二」や、文化、自然との交流を通して、子供たちの心身とハートと魂を活性化していくものです。

それらを通して、子供たちや親子、地域の方々、関心がある方々と、自分維神、地球維神、宇宙維神をワクワク進めています。

太子町は、そうした精神や、文化遺産、そして自然の宝庫でもあります。

それを地元の人々にもさらに活用していただき、内外のより多くの人にも知っていただきたいと思っています。

それらをさらに活かす展開を、現在、Ａｉ先生のご指導の下、私のクリスタル・プロジェクトとして展開中です。

町の人々とのコラボや、文化遺産ツアー、エコ農業体験なども計画しています。

これからますますコンテンツも充実させていきますし、太子町には温泉もあり、素晴らしい所ですので、皆さまぜひ遊びに来てください！　最新ニュースは随時、Ｗｅｂで発神しています！

宇宙維神塾　http://www.uchuuishin.jp

手づくりのおもちゃ　―The Handmade Toy―

Ａｉ：私の母は、絵や書がとても上手です。ただ上手というより、とても味わいがある絵を描きます。創意工夫に満ちていて、小さい子供と遊ぶのもとても得意で、子供たちは一日中遊んでいても飽きないようです。

地上に生まれる前は、天界で、クリスタルたちの教育や世話を担当していたと感じると母はよく言います。

私も子供の頃から母と同じ趣味を持っており、紙と彩色用具があれば何でも創ってしまいますが、母も、ドアが開閉して、乗り降りできる大きな素敵なバスを工作したりするのです。そしてそこに乗っているのは、一緒に遊んでいる子供たち（孫）や、身近な人たち（家族）です。

今回は、最近、母がものの数分で創った、キッチンタオルとトイレットペーパーの紙の芯を使った、手づくりのおもちゃをご紹介します。

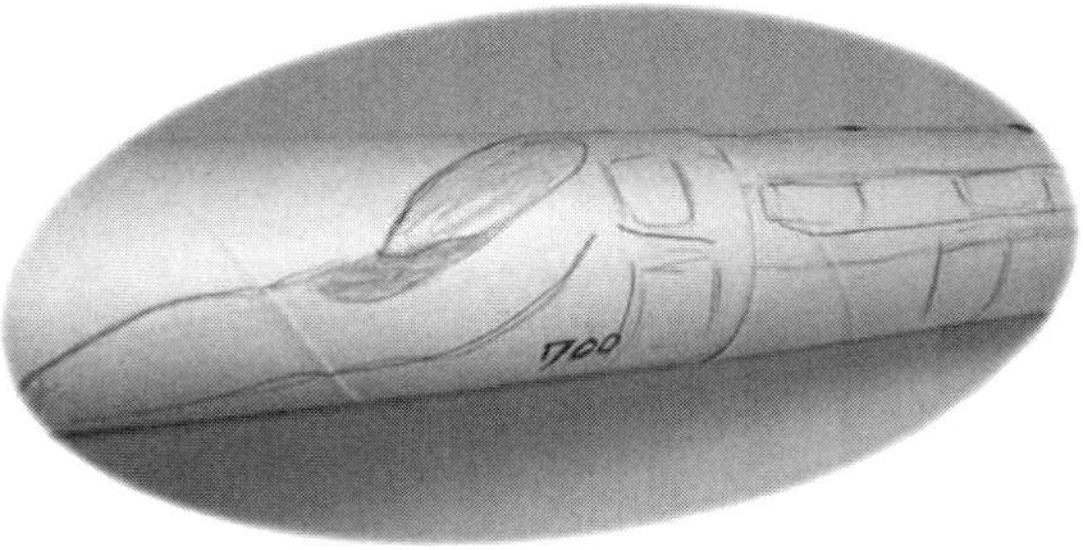

子供たちの大好きな、新幹線のぞみ７００系です。筒状の立体になっているので全体を写せませんが、細部までそっくりです。とてもカッコいいです。そして、まだ秘密があります！

トイレットペーパーの芯でできた外側の先頭・後尾の車両の中に、キッチンタオルの芯でできた車体が入っていて、ビヨ〜〜〜ン！！！と、４倍に伸びます！！！

創っている時も、この瞬間も、子供たちは大喜び！！！

そして！　さらに秘密があります。

なんとこの新幹線は、裏側にひっくり返すと……！！

かわいいイモムシくんになるのです！！！

この新幹線とイモムシくんのモチーフは、４歳の孫（私の甥）のリクエストのようで、最初にイモムシくんの企画を聞いた時

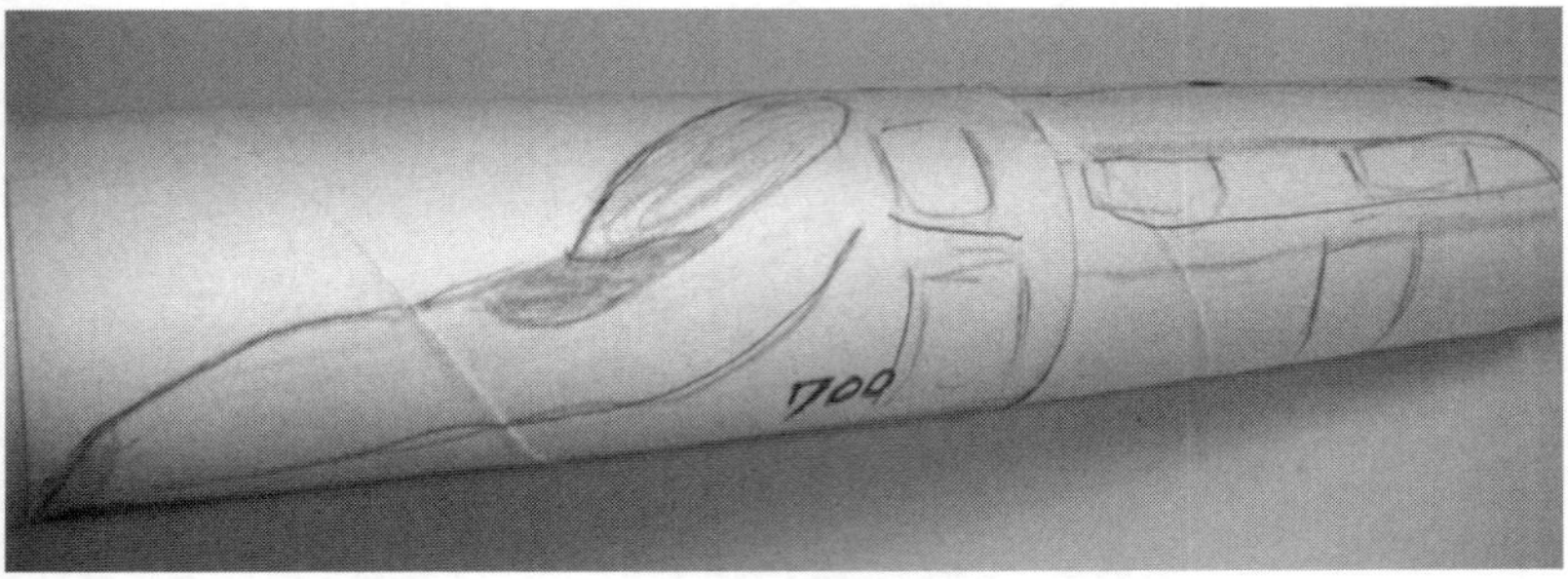

には、「え～イモムシ！？」（ちょっとキモチワルイかも……）と思いましたが、実物を観ると、超カワイイ！

そしてもちろん、このイモムシくんも、ビヨ～～ンと伸びます！

子供たちは、とても気に入って、大切にしています。

市販のおもちゃよりも大切にしているようですので、やはりおばあちゃんの手作りは愛が込められているということを分かっているからだと思います。

その他、花畑のお山のロープウェイ編とか、立体水族館などが、日に日に生み出されていきます。

そして子供たちも、一緒に創り、遊んでいるうちに、創造性が芽生え、自分たちでも生み出し、創り出していけるようになっていきます。

現代は、たくさんの市販のおもちゃがありますが、真心を込めた

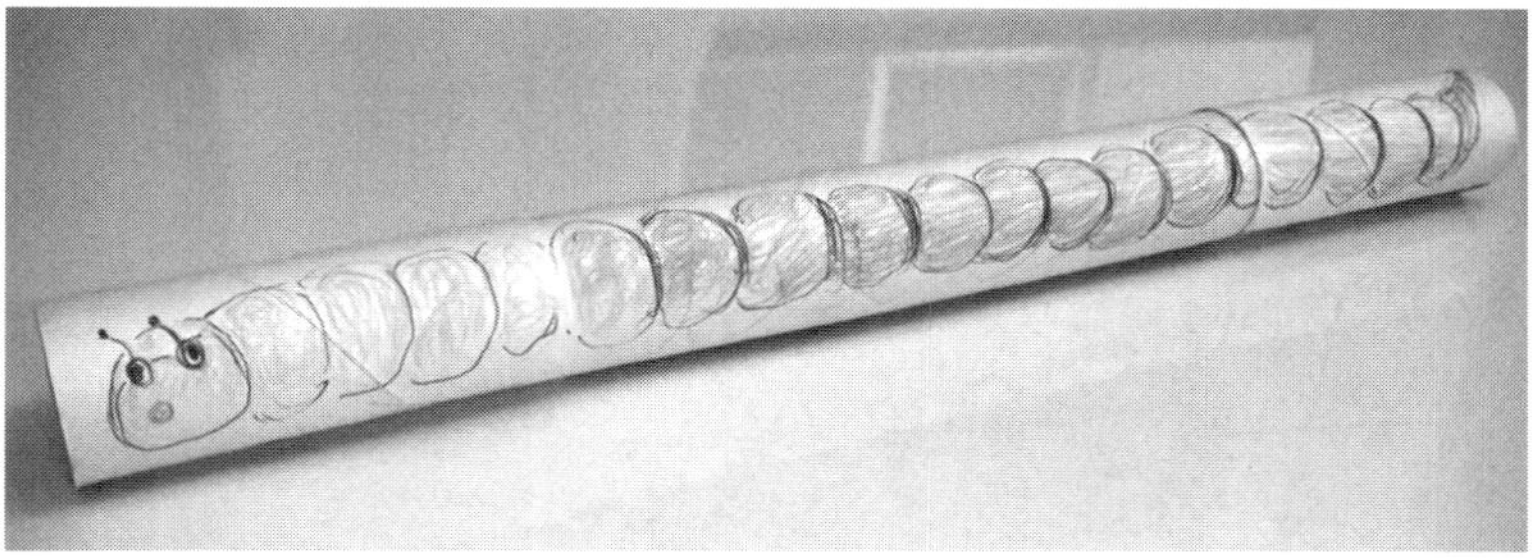

手づくりに勝るものはないと思います。皆さんもぜひ身近な素材で、子供たちやお孫さんたちと一緒に創り、一緒に遊んでみてくださ い！

私も子供の頃は、手描きのぬり絵や、手づくりの着せかえ人形や衣装、お家やお城や森や妖精などをたくさん創って遊びました。

「無から無限大の有を生み出す」のが、最大の、そして最高の創造性であると思います！

皆さんもぜひ親子で、家族で、ともに楽しく素晴らしい創造性を高め、コラボレーションしてみてください！

那美さん：すごいすごい！　ワクワクしちゃいました！

イモムシくんが動いている様子を体験できたり、家族での旅行などを立体絵日記にして、もう一度みんなで山登りしたり、いずれも、夏休みの自由研究などの作品になりますね！

いやぁー、おばあちゃんの知恵と愛に脱帽です。

Ａｉ：ほんと、そう思います！　年配の方は、とてもたくさんの素晴らしい智恵やノウハウを持っておられますし、様々な意味で、お年寄りと子供たち、そして若いお母さんとの交流は、双方に有意義だと思いますので、今後そういうクリスタル・プロジェクトもぜひ検討していきたいと母と話していました。

クリスタル勉強会

翔：京都に住む翔《かける》（十歳）です。二〇一二年三月に、初めて、クリスタル自身による、自主的なクリスタルの勉強会を西のクリスタル連合で行うこととなりました。自然が美しい、素晴らしいところで行います。

内容の原案は発案者のぼくが考えましたが、現地でクリスタルのみんなとコラボします。行程、場所や、天気によってどうするかなどは、Ａｉ先生と打合せしてアドバイスをいただきました。

テーマは、主に「愛」と「光」と「太陽」の三つをぼくが考えました。参加者のクリスタルの皆さんのための参考として、ぼくが作ったこれらのテーマのレジュメは、次のようなものです。


「愛」

愛はやさしい。愛は二十四時間。愛は広がる。みんなを明るくする。

愛はみんなを明るく照らす。みんなにとって愛はやさしい。

みんなは愛がたくさん入ったご飯を食べて、愛のお風呂に入っている。

愛とは発現するもの。愛とは贈りあうもの。だから愛は命。


「光」

光は、みんなを明るく照らす。みんながその光を見て幸せになる。


「太陽」

太陽は神さま。太陽の神さまは、愛を広げる。

愛を地球と宇宙に発現する。金色に輝いている。

太陽の神さまは愛と光。太陽の神さまはみんなを守っている。

みんなが愛となるためには、みんなが喜ぶようにする。
「ありがとう」「いただきます」「ごちそうさま」など、
きれいな言葉をたくさんつかう。愛を思い出す。

Ａｉ：翔くん、素晴らしいですね！　とても素晴らしいエネルギーがたくさん入っていて、
たくさん出ていると感じます。翔くんもそのエネルギーと一体化していますね！

そしてクリスタルの皆さんも、これをどしどし行っていけるようになると思います。

皆さんの、当日のコラボレーションが楽しみです！

行程についてもバッチリですので、晴れでも雨でも両方楽しそうですね！

第三章　愛の星へ！

この最終章では、クリスタル親子たちからの、愛と光がこめられたメッセージを中心にお贈りします！

美しい日本と地球を創ろう！

Ａｉ：この「美しい日本と地球を創ろう！」というテーマは、我々のクリスタル・アカデミーでの最初のグループ・セッションのテーマとなりました。美しい心とエネルギーと環境の、日本と地球の創造を目指して、未来を担うクリスタルの育成に最も望ましいサポートや環境はどのようなものかなど、様々な角度から、アカデミーでの重要な研究会もスタートしています。その内容の一部をライブ感覚でお届けします！

優美：私は、特に食材を捨てることに罪悪感を感じます。四年ほど前から配達してもらっているオーガニック食品のホームデリバリーでは、契約農家で取れ過ぎた野菜を安価で届けてくれるという不定期のコースがあります。見たこともない野菜があったり、たくさん届いたりもしますが、さて、これらを無駄にしないためにどう料理をしようか？　ということで、なんとかして美味しく頂こうと努力（ネットで調べます！）し、料理のレパートリーも増えるのですが、家族からは「これ何ていう料理？」と聞かれ、「さぁ、何という名前にしよう？」と思案することもしばしば（笑）。

「食材を捨てない」ということは、私たちの住んでいる地球を大事にしていくことへの、小さくて大きな第一歩ですね！

Ａｉ：日本は世界でいちばん残飯を捨てている国で、その量は世界の食料援助の二倍にも当たるというデータもあります（何ということでしょうね！！）。このようなことがあってはいけませんし、一人ひとりの心、行動、理念、文明のシステムそのものを変えなくてはならないと思います。

アセンションは宇宙における進化であり、すべてのトップ＆コアですが、そのような地上の実情を知る必要もありますね。

そうした状況も変えていきたい、変えていくというミッションが、クリスタルたちの地上セルフやハイアーセルフにも共通していますし。

そして最も重要なのは、そのような美しいアセンション地球にするための「ノウハウ」「プロセス」＝アクション・プランそのものであると思います。まさにクリスタル・プロジェクトがその一環ですね！

そこで、全体で取り組むテーマの一つの「美しい日本と地球を創ろう！」と、そのためのアクション・プランを、ぜひみんなでコラボしていきましょう！　各部会や研究会などでも積極的に取り組みましょうね。

菊香：優美さん、問題提起ありがとうございます。ブログでも発信されており、素晴らしいですね。

Ａｉ先生、情報ありがとうございます。日本がそんなに残飯を捨てている！　びっくりです！

私もビビッとスイッチが入りました！

次のクリスタル部会の西日本の自主勉強会でも、「美しい日本を創ろう！」について追加議題でコラボします。

あめのひかり＆航：先日、息子の航（七歳）と、私たち親子のミッションについて話をしている時に航がこう言いました。「ぼく、これだけは絶対に思う。地球上から戦争がなくなって、みんなに食べ物がいきわたるようになってほしい！」と。

そして親子の話は、航が考える地雷除去の発明案から、募金のことまでいろいろと拡がりました。伝えるべき事実、現実についても航へ伝えていきたいと思います。

Ａｉ：子供たちに恥ずかしくない、胸をはれる現実を創っていきたいですね！

あめのひかり：「美しい日本を創ろう！」ですね！　それで思い出しましたが、航が四歳位の時に近所の公園で遊んでいたら、若い外国の男性がゴミを拾っていたのを見て、航が「ぼくも手伝う！」と言うので三人でゴミ拾いをしました（航は、当時も毎日拾っていました）。

その外国の方にお聞きすると、「私はニュージーランドから日本へ来たばかりなのですが、私の国は公園もとてもきれいなので、汚れているのを観ると悲しくなるのです」と言われました。

航は、ベンチで新聞を読んだりしている大人を見て不思議そうに、「なんで、毎日使っている人がお掃除しないの？」と言っていました。

私も日本人として恥ずかしくもあり、申し訳なくも思い、そして彼に感謝も湧きました。

それをきっかけに、そのニュージーランドのＳ君は、航の大人のお友達の一人です。

航は、Ａｉ先生も、Ｌｏｔｕｓ先生も、大人のお友達といいます。

私自身も、そのような意識をもう一度見直そうと思いました。様々な角度からの深いテーマとなりそうですね！

Ａｉ：航くんに「おともだち」と言ってもらうと、とてもうれしいです！

優美：多くの人が美しい日本を、美しい地球を望んでいるのに、どうしてなのでしょうね。どうして戦争を繰り返すのでしょうね。どうして食べ物が行き渡らないのでしょうね。

これまでの既存の「常識」ではなく、本来の「心」をみんなが取り戻してくれると、必ず解決につながり、そしてアセンションへもつながると私は思います。クリスタルたちが発するヒントを見逃さずに！

菊香：航くんの「ぼく、これだけは絶対に思う。地球上から戦争がなくなって、みんなに食べ物がいきわたるようになってほしい！」は、すべてのクリスタルの願いですよね！「美しい日本をつくろう！」プロジェクト。本当に様々な角度から、取り組むことができますね！本当に深いテーマです。そう言えば、ＫＥＩＴＯくんも学校からの帰りにいつもゴミを拾ってきたと優美さんもおっしゃっていましたね。日本の大人の意識改革が急がれますね！

Ａｉ：ゴミ、環境、戦争などの問題は、ともすると物理次元での対症療法的な対策にばかり走りがちなのですが、根本的なアプローチが必要であると思います。

菊香：はい！　まさにそれがないと本質的に何も変わらないと感じます。

Ａｉ：すべての源は「意識」であり、その集大成が国規模、地球規模の集合意識ですね。一人ひとりも全体も、よりよい環境、国、地球、未来を望んでいる。

そして学界でも大体見解は出ていますし、循環型社会も提唱されて久しいですが、大量生産、大量消費、大量廃棄物の現在の文明システムにみんなが慣れきってしまっているので、それにどうやってブレーキをかけたらよいのか、全体がどう方向転換をしたらよいのかということが、みんな、分からなくなってしまっているのだと思います。

そして重要なのは、「反対するための反対」ではなく、「真にどのような未来を創造したいのか」ということであると思います！　そのヴィジョンをみんなで創っていくことですね！

そして小さくてもよいから、そのモデルを創り、実践していくことだと思います。

それとアセンションはまさにつながっていると思います。

菊香：まさに！　まさに！　それを見失わないようにします！

Ａｉ：ぜひそのような、トップ＆コア、グローバル、多次元的な視点で検討し、実行具体策と実働を進めていきましょう！

菊香：とてもワクワクしてきました！　西日本のクリスタル連合部会でも、その視点でコラボしていきます！

Ａｉ：いよいよ、地上から高次までつながった、地上と高次のクリスタル連合の、クリスタル・プロジェクトのワクワク始動ですね！

菊香：みんなでともに、歓びいっぱい！　愛いっぱい！　真のクリスタル・プロジェクトの始動ですね！

クリスタル地球維神

「愛の地球維神！」　天（十六歳）

皆さん、こんにちは！　天です。私は現在十六歳の高校一年生です。母のLOVEと親子で、Ai先生のアカデミーのクリスタルの部と、大人の部の関西校で学ばせていただいています。

「私のアセンション日記」

Ai先生のアカデミーに入ってからの私の人生は、一八〇度変わりました！　私はクリスタル・チルドレンについての知識がそれまでは無かったのですが、母といっしょにアカデミーに参加したことにより、それまでは漠然と「人と違う」「人と合わない」と思っていたことが明確になりました！

クリスタルについて、そしてクリスタルとしてのミッションを自ら認識した時に、すべてが変わっていきました！

それ以前の意識との一番の違いは「愛」であり、この一言につきると思います。

アカデミーに入学し、そしてメンバーの「アセンション家族」のみんなとの交流の中で、無限の愛を日々感じていきました。

愛がどれほど素晴らしいものであり、美しく、無限で、永遠なものかを！

まさに「道は愛にはじまり、愛におわる」ということを感じていきました。

義務教育の学校での学びとはまるで違いました。「愛」とは何かなんて、今までは真剣に考えたこともありませんでした。


私は子供の頃から、地球をよくしたいという強い思いがありました。環境問題や世界の子供たちの状況、国家間の争い。成長するにつれて知っていく世界、地球の現状。

でも、それはあまりにも大きいことであり、どうにかしたいという思いがあっても、何をしたらいいのかということが全く分かりませんでした。私がいろいろ考えたところで変えられるようなものではないと思っていたのです。

でも、無いと思っていたその答えが、アカデミーにはあったのです！

とてもシンプルなことなのに、本当は分かっているはずなのに、みんなが忘れているものでした。

それは愛を発現するということ！　一番大事なことは「愛」だということ！

この気づきが、私の最初の、小さいけれども大きな進化＝アセンションでした！

常に「愛を選択する」ということを学びました。

私の次のステップは「根源」がキーワードだったと思います。自己の根源、愛の根源、光の根源、宇宙の根源への探求！　その永遠、無限の宇宙史の中の学びと、探求をともにしてきた魂の家族、アセンション家族の深い愛で結ばれた絆も感じていきました。

そして私たちが成していくべきこととして、「地球維神」について考えるようになりました。地球を愛と光の星にするために、自分に何ができるのかを考えるようになりました。

そして中今のステップは気愛で実働していくことです！

愛全開ＭＡＸで地球維神を成し遂げるということ！　愛という求心力で変えていくこと！思いや希望だけでは何も変わらない。実働してこそすべてが変わっていくと思い、頑張っているところです。

私の今までを振り返った時に、変化がおきたきっかけは、やはり「愛」を選んだこと。

そしてクリスタルの資質を活かして生きることにあると思います。

「愛」を選択した瞬間に世界が広くなっていくのだと思います。まわりの友達との関係も、このように自分が変わることによって、いつの間にかすべてがうまくいくようになっていきました。

一人が気付けばみんなが変わっていきます。

「愛」に目を向ける。選択する。発現するということの大切さを、少しでも多くの人に思い出していただきたいと思います。

「ハイアーセルフを通した高次とのコンタクト」

Q：クリスタルとは？

A：「愛を普及させる日戸」たちのことである。そして愛を常に発現できる者たちでもある。世界と人に愛のエネルギーを自然に伝えられる能力を持っている。エネルギーに敏感で、繊細なエネルギーを感じ取ることができる。

そのため高次ともつながりやすく、エネルギーを生まれながらに理解することができる。それを生かし、愛のエネルギーを広めていくこと。地球を愛に目覚めさせ、愛の星にしていくことこそが使命である。

しかし個人ではなかなか発揮されにくいため、クリスタル同士が集まって、愛のエネルギーを一つにすることが必要不可欠である。

クリスタル同士でのエネルギーのネットワークを広げ、コ・クリエーションしていくことにより、集合意識を愛へと変えていくことができる。

（アセンディッド・マスター・エル・モリヤ）

※今生初めてハイアーセルフを通した高次とのコンタクトを行ってみましたので、ソースが私には分かりませんでしたが、Ａｉ先生によりますと、「アセンディッド・マスター・エル・モリヤ」（※「天の岩戸開き」参照）のエネルギーであるとのことです。

「愛の地球維神！」
―すべては根源の光からはじまった。
根源の愛をめいっぱいクリスタルの魂にうけ、
わたしたちは地球を愛の星にすると決意した。
ゆるぎない意志をもち、真の愛を胸に、成し遂げる！
愛の地球維神！

「天のクリスタル・ブログ」～愛と光の地球維神～　http://nmcaa-ten.jugem.jp/

「クリスタル地球維神」　天野　明（十五歳）

天野明です。私は今、中学生で、母の照子とともにＡｉ先生のアカデミーの本部のクリスタルの部と、関東校の大人の部でアセンションについて学んでいます。

私には目標があります。それは「愛と光のみの星を創る」というものです！　そのために子供の私も、みなさんと一緒に働き、全力を尽くしたいと思います。それは実現可能な目標だと思います。

私は地球と自然が大好きです。この美しい星は、みんながもう少し優しくなったり、ほかの人や自然を尊敬するだけで、大きく変わると思います。

生活の中で、もっと愛と優しさを意識してみるとどうなるでしょうか。

良いこと、ポジティヴなことだけをいつも考えていると、自分の波動が上がっていくと思います！　早く、地球がひとつの星として、協力し合えるような社会になればいいと思います。そして地球が、全宇宙から尊敬されるような星になってもらいたいです。

愛と光の星になったら、どんなに素晴らしいでしょうか。

私がアセンション瞑想で体験した未来の宇宙と地球は、圧倒されるようなものすごい光でした。早くあの光の世界に行きたいと思いました。

地球とともにその光へ向かい、アセンションの星と社会を創りたいと思います。

私は、そのために生まれてきたのだと思います。

新しい社会を創ることはとてもワクワクします。今、そのためにいろいろなことを学んでいます。私は今の中学校が好きですが、もっとより良い学校も創れると思います。

今の社会にないもの、学校がもっとこうだったらいいのにと思うことを、これから創っていきたいです。それが私の目標です。必ず創れると思います。

そしていつか、宇宙の科学や技術を学びたいです。壊れてしまった地球の環境を再生させたいと思います。山や森、海、美しいものが、もとの美しい姿に甦ってもらいたいです。

そのためにもっと勉強して、がんばっていきたいと思います。

私はアセンションとは「意識が上がること」「人も地球もすべてが愛と光のみになっていくこと」だと思います。

私が今、達成したいことは、ハイアーセルフともっとつながり、高次の存在とつながって、人々と地球のアセンションのために活かしていくことです。

そして宇宙の科学技術を勉強して、いつか宇宙船を設計してみたいと思います。


「クリスタル維神――地球を愛の星に!」　日音《ひのね》（二歳）

※日音ちゃんのハイアーセルフとお母さんのひふみさんとのコラボです。

日音：クリスタル・チルドレンとそのご家族の皆さん、こんにちは！　私は、日音です。もうすぐ三歳になります。

お腹の中にいた時から親子でＡｉ先生のクリスタル・アカデミーに参加していて、ふだんは主にママのひふみさんにチャンネルしてもらいながら、日々、メッセージなどを発神しています。
こうして皆さんにお話する機会を持てて、とっても幸せです！

ひふみ：クリスタル母子の皆さま、こんにちは！　母親のひふみです。日音が生まれる前からＡｉ先生のアカデミーに参加しています。父親も参加しており、家族全員です。
まず最初に、日音の生まれる前から中今までの出来事を振り返ってみたいと思います。

「アセンション日記」～生まれる前から、中今まで～

ひふみ：妊娠する前から、日音は度々サインをくれていたよね。ハイアーセルフとともに手をつないで現れてくれたり、天使のような格好でフワフワ飛んでいたり。

日音：そうよ！　私のことに気が付いてほしかったから！　「もうすぐ行くわよ！」って、伝えたかったの。地上に生まれることは、とてもとても素晴らしい奇跡なのよ！

ひふみ：強い気持ちを持って生まれてくるんだなっていうことは、とても伝わったよ。パパもすぐに気が付いてくれたね！

日音：二人とも敏感に感じてくれたから、安心して準備ができたのよ。ありがとう！

ひふみ：そしてお腹の中にいる時も夢に出てきてくれたり、パパと交信していたね。

日音：エネルギーではいつも一緒だから！

ひふみ：みんなそうだと思うけど、「この子は目的を持って地上に生まれてくるんだろうなぁ」という確信があったの。お腹の中にいた時からそう感じられたおかげで、「出産後は、この子が自分で定めたミッションを存分にできるようにサポートしたい」と自然と思うようになれたよ。そして、今もその気持ちそのままで接しているよ。

日音：いつもサポートをありがとう！　私はパパとママのところに生まれて幸せよ！　ママは、お腹の中の出来事で、特に印象深かったことは何かしら？

ひふみ：いろいろあるけど……。パパが日音とチャネリングしたことが、一番驚いて感動したことかな！　「本当にエネルギーで話せるんだ～！」って、とっても嬉しかった。

日音：私も嬉しかった！　パパとママが、愛と光のライトワークをしていたからこそ、つながったのよ。私は、生まれる前から、パパとママの愛をいっぱい感じていたわ。

ひふみ：パパの後で、私も日音のメッセージを受信できたね。チャンネルを合わせようとすると、愛そのもののエネルギーをいっぱいに感じて、とても幸せな気持ちになったよ。生まれる直前には、虹色の光の管の中から、光に包まれて地上にやってくるヴィジョンを観たの。とても美しかった。出産に対する恐れは全くなくて、本当にただ歓びの中でその日を迎えられたね。

日音：みんな美しい光の世界から、愛をいっぱい持って生まれてくるのよ！

ひふみ：そうね！　素敵なヴィジョンを観せてくれてありがとう！

日音：クリスタルたちは生まれる前であっても、いつも語りかけているの。たくさんのお父さん、お母さんたちにもっと気付いてもらえたら、それぞれがより素晴らしい妊娠や出産の記憶となると思うわ！　そして、クリスタル母子のアセンションにもつながっていく！

ひふみ：当時のことをこうして伝えられることも嬉しいね。生まれてからは、日音は何か印象的なことはある？

日音：日々、拡がっていく愛と光のエネルギーに、私はいつも感動しているわ……！　毎日が、嬉しくて、楽しくて、美しい！　パパとママ、そして大勢の人々の愛情が気持ちいい！　そしてクリスタル母子たちが増えていることも、とっても嬉しい！

ひふみ：ありがとう！　これからも、クリスタルの仲間たちとともに、愛と光を拡大していこうね！

「日音とのQ&A」

ひふみ：クリスタルと接するにあたって、保護者の視点から気を付けるとよいことは？

日音：まずはクリスタルたちの「愛と光」の面を観ること！　そして、その「愛と光」をできるだけたくさん発することができるようにサポートすること！

子供たちが成長する過程で、地上でのルールを教えていくことは大切なことです。

しかし、そのことを偏重しすぎると、「してはいけない」という言葉を発したり、制限することが多くなってしまいます。

全ての子供たちは「愛と光」を知っています。それを拡大するように接することで、本当に「してはいけないこと」も分かります。

「愛と光」だけを観て、「愛と光」を尊重する大人が増えれば、クリスタルたちの輝きはもっと大きくなるでしょう！

ひふみ：クリスタルたちの持つ共通のものとは？

日音：自然、美しいもの、光輝くものが好きということ！

クリスタルたちは、それらを知っています。そしてそれらに惹かれます。

クリスタルたちが心地よいと感じるものを感じ取り、その感受性をより豊かにしていくと、それはより明確なものとなり、クリスタルたちのライトワークにも役立つでしょう！

ひふみ：クリスタルたちの観ている世界とは？

日音：虹色に輝く愛の星・地球！　草木や花々は、みんな、生命の歓びの歌を唄っている。全てのいのちは、多彩な色彩の美しい光を発している。全てに調和があり、全ては一つになっている。

愛と光に輝く美しい星、地球。その世界を地上に創造するお手伝いをするのが私たちクリスタルよ！

「愛の地球維神」　あさひ（三歳）

※あさひちゃんのハイアーセルフとお母さんのはるかさんとのコラボです。

「アセンション日記」～生まれる前から中今まで～

あさひ：皆さんこんにちは！　二〇〇九年一月生まれ、現在三歳のあさひ（女の子）です！　Ａｉ先生のクリスタル・アカデミーの本部には、一年前から参加しています。

はるか：母のはるかです！　アカデミーの大人の部の関東校に参加して二年目になります。アカデミーの本部公式セミナーに参加して、Ａｉ先生のエネルギーや会場全体のエネルギーに触れた時、そして他のクリスタル親子の皆さんとお会いした時のあさひの反応がとても印象的で、「もしかしてあさひもクリスタルかも……」と直感し、あさひも参加させていただくことになりました！

その頃のあさひは、よく男の子に間違われるほど活発で、力強く、生まれた時から本当にしっかりとしていて、何か目的を持っている感じだったよね。特徴としては場のエネルギーにすごく敏感だった。あさひがお腹にいた時は、どんな気持ちだった？

あさひ：ず〜っと楽しみでしかたがなかったよ。だって今の地球って、同じ目的を持った仲間がたくさん集まってきてるでしょ？　宇宙の仲間も、地球のみんなを応援してくれているのがわかったし、もう、ず〜っとワクワクしてしかたがなかった！　早くみんなのために一緒にライトワークがしたくてうずうずしていたよ！

はるか：お腹の中にいた時から本当にあさひはきらきらの光そのもので、よく私に勇気をくれたり、励ましてくれていたよね。ありがとう！　生まれてからはどんなことを感じてた？

あさひ：地球を愛の星にするために、やっぱり大人の意識を変えることが必要だと思った。わたしたちクリスタルは、存在そのものが常に大人の意識に働きかけているの。

はるか：私はあさひが生まれてきてくれて初めて「愛」を思い出すことができた。自分の中に「愛」があるんだ！　って。純粋になんの見返りもなく「愛する」ってことを教えてくれた。「愛」がベースの大人たちがもっと必要だと思う？

あさひ：うん、そう思う。私たちはみんな「愛」の子供。それに気づいてもらうために私たちがいるって言えるけど、そのサインに気がつかない大人たちが多いと感じた。

だから、少しでも多くの人が愛のもとに笑って暮らせるように、できることをしようと思う。

はるか：本当にそうだね！　あさひはクリスタル・プロジェクトに参加した時はどんな気持ちだった？

あさひ：すっごくうれしかったよ！　初めてセミナーにお母さんと一緒に行った時は、わたしもあまりのうれしさに飛び回ってた。良いエネルギーはとても気持ちがいい。仲間がたくさんいて、みんな愛と光に満ちていたから。地上にこんなに自由に表現できる場があるっていうことがわかって、本当にうまれてきてよかった〜〜〜！　って思った。

はるか：あさひは、Ａｉ先生のセミナーに参加する時、よくうれしそうに飛び回るね！

あさひ：うん！　あれはね、場のエネルギーを表現しているの。降りてきているエネルギーと、みんなの出すエネルギーが心地いいから。

はるか：セミナーや懇親会で、他のクリスタル・チルドレンと出会った時はどうだった？

あさひ：同じミッションを持った仲間に出合えたと思った。パァーーッと扉が開いた感じ。

本当にみんなナチュラルで心地よくって。全開なの。
やっぱり一人でやるよりも、仲間がいたほうが何倍もの力が出るから。仲間は大切。

はるか：この間、初めて親子で一緒に受けたＡｉ先生の個人セッションはどうだった？

あさひ：とっても懐しかった。いっぱい光のシャワーを浴びた感じ。すっごく気持ちがよくって、わたしのぜーんぶに、それが行き届いた。大きな光と愛のゆりかごに揺られていた感じだった。

はるか：隣でセッションを聞いていて、クリスタル・プロジェクトに初めてあさひが参加した頃よりも、あさひはとても細やかでやさしい女の子のエネルギーになったって感じた。
Ａｉ先生は、根源の愛に繊細な光がプラスされて、とても女性らしくなったっておっしゃっていたね。

あさひ：わたしもお母さんとともにアセンションしているもの。お互いに成長しながらここまできたんだよね！　私はお母さんの成長がとってもうれしかったし、私もいつもお母さんの成長に助けられているの。これからもよろしくね！

はるか：うん、よろしく！　わたしもあさひがいてくれたからここまで来れたんだ（うれし泣）！　一緒に楽しくがんばろうね。

「あさひのハイアーセルフとのコンタクト」

はるか：世界中のクリスタル・チルドレンが目覚めて、本来のミッションを果たせるようになるには？

あさひ：いつもみんなの愛と光の灯台になっていれば、世界中のクリスタル・チルドレンにも働きかけることができる。そのために、エネルギーで発信すること。それがライトワークでもあり、アセンションし続けるということでもある。

はるか：世界中のみんなが幸せになるために我々ができることは？

あさひ：たっくさんの愛と光のエネルギーを出すこと！　自分のハートの中心を通して、まわりの愛と光のエネルギーと共鳴し、大きく拡大していくこと！

はるか：クリスタル・チルドレンとは？

あさひ：愛。純粋な光。愛の使者。世界中の人が、あったかいひとつの家族になって、笑顔で暮らせるように、強い意志を持って生まれてきた子供たち。

はるか：Ａｉ先生のクリスタル・アカデミーとクリスタル・プロジェクトに参加して良かったことは？

あさひ：より早く、より多くの仲間に働きかけることができる。このプロジェクト自体が完全なる愛の基盤のもとにできているから。

愛が基盤のものは拡大していく。みんなに最も優しく、最善の方法で！

「愛と光の地球維神」　リタ・ゆら・るり・れむ

※ゆらちゃん（六歳）、るりちゃん（三歳）、れむくん（九ケ月）、お母さんのリタさんのコラボです。

「ただ、まっすぐなだけだよ。ただ、みんなのことをおもっているからだよ。こころのかんじるままに、うごいているんだよ」

子供たちを見ていると、本当にそう感じます。だから純粋で、自然体で、愛と光を放っている。いつも全開でキラキラ輝いている。のびのびと自由に喜びを表している。ハートで生きているからエネルギーがどんどん湧いてくるのでしょう。

子供ってすごい！　と圧倒されっぱなしです。

そして「愛と光」。それは優しさだったり、思いやりだったり、暖かさだったり。そばにいるだけで明るくなるような、みんなが笑顔になるような、まさに太陽の力。それが自然に身についているからこそ、真の強さを併せ持ち、凛とした存在感があるのだと思います。

とても深い眼差しに、すべて分かっているのではないか。すべてを見透かされているようだと長女が生まれたばかりの時に思ったものです。そこに明確に目的を持って生まれてきたクリスタル・チルドレンと呼ばれる子供たちの、強くまっすぐな意志を感じるのです。

その目的こそが「愛の地球維神」「アセンション」であり、その実働とライトワークなのです。

子供たちは、「愛と光」とは特別なことではなくて、人として自然なことなのよ、それが本来の姿なのよ、と存在を通して教えてくれています。

みんなのために、すべてのために、心と心が通い合って、愛と愛が共鳴しあって、光が拡大する！　その気持ち良さとエネルギーは、自分にとっての絶対的な真実です。

私たち一人ひとりの本質的な「愛と光」。確かにあるそのエネルギーが、どんどん大きく拡がって、世界を包んでいく。

それが「地球維神」です。この時代に生きる私たちの、本当の願いでもあるのです。

子供たちの持つ、真の力に気づいて認めてあげること。「愛と光」にフォーカスして見守ってあげること。それが母親や大人たちにできることではないでしょうか。

実は繊細で優しすぎる、エネルギーに敏感な子供たちにとって、それは大きな安心感につながると思います。

クリスタルの子供たちが生まれながらに持つピュアな力が、大人たちを動かし、未来を創造し、世界を変えていく大きな力となっていくと確信しています。

今、その動きをともに生み出している。それは私にとって大きな幸せです。

「クリスタル・プロジェクトに参加して」

アセンションするほど子育ては楽しく、そして楽になっていく。そのことを日々実感していま す。六歳と三歳の娘と、生後九か月の息子と、賑やかで穏やかな暮らし。子供たちが、かわいく て、かわいくて！　いつだって一生懸命に、純粋で素朴に生きていて、見習うことがたくさんで す。三人とも家庭的で幸せなお産で、子供を迎えた時の感覚と感動は特別でした。

子供たちのこれからと、地球のこれからのことを考えて、より自然な暮らしを求めてきたけれ ど、アセンションが一番自然なあり方なのですよね。調和していて、喜びに満ちていて。

子供たちにとってもそれは同じで、メンバーのみんなといる時は、生き生き、ニコニコ、とっ ても嬉しそう。深いところでつながっている仲間と出会える場、自分の一番高いエネルギーを出 せる場を創っていただいていることに感謝しています。

愛は、伝え合うほどに広がっていき、それぞれの光と光の響きあいは、美しい輝きを生みます。 白く澄んでいながらも色彩豊かで鮮やかで、光の虹のようなクリスタルの子供たちのエネルギー。 これからどんな世界を見せてくれるのでしょう。楽しみです。

「大丈夫、この時代に生まれたのだもの。たくましくしなやかに生きていけるよ！　クリスタ ルは光しか通さないんだよ。光だけを増幅させるんだよ。みんなもそうなれるんだよ！」

子供たちのハイアーセルフからの声が聞こえてきました。

「クリスタルのハイアーセルフとのアセンションQ&A」

Q：新しい世界へ向けて、子供たちのために私たちができることは何？

A：愛と光を発神すること！　それがアセンション＝ライトワークだよ。

Q：愛と光を伝えるにはどうしたらいいの？

A：自分が愛になればいいんだよ。みんなのまわりにも、そばにいるだけでまわりを笑顔にしたり、場を明るくしたり、なんとなく一緒にいたいなと思う人がいるでしょ。太陽のように、エネルギーは伝えようとしなくても、伝わっているんだよ。それを明確に選択すること。受け取るかどうかは、みんな次第。

Q：愛になるにはどうしたらいいの？

A：愛になればいいんだよ！　疑問は頭で生まれるけれど、愛はハートから生まれるの。ハートは中心、感じるところだよ。愛のセンサーでもある。開けばつながるし、エネルギーが湧いてくる。ハートが開いている時は、自然に愛になっているんだよ。ぼーっとしていないで、自分のエネルギーに意識を向けてね。

Q：私も愛になると決めたよ！　気合い＝気愛で！

A：実はメラメラと、奥にパワーを秘めているのに気が付いた？　その原動力は、みんなへの純粋な想いでもあるのね。わたしたちは、真の愛の力を、その強さと優しさを知っているんだ。だからこうして大人たちに伝えているの。大切なことだからね。

Q：ありがとう。ぱっと目の前が明るくなった気がしたよ。

A：うん。共感してもらえてとても嬉しいよ。こうしてクリスタルのエネルギーに共鳴することで、どんどん伝わっていくからね。みんな、愛のもとにひとつ、いつも、ともに。根源なる愛のフォトンがすべてに行き届きますように。

子供たちのハイアーセルフのネットワーク＆クリスタル連合より

清らかで、美しく、神聖でありながら、喜びに溢れてキラキラ輝くクリスタルの光を、どこまでも拡大していきましょう！

愛の星へ向かって！

「クリスタル地球維神—愛の星へ！」　航《わたる》（七歳）

※航くんと、お母さんのあめのひかりさんのコラボです。

「地球のハート」

航：僕はすっごく生まれてきたかった！なんでかって言うと、やりたいことがあったから！　今はそれしかわかんないけど、僕は地球が好きだから！

あめのひかり：航と作った作品です。地球は、航がつくり、私がつくったハートを航が地球につなげて、「地球君」になりました。

「僕らが創る新しい世界！」

航：世界は新しく生まれ変わっていくって言われているよね！

僕が思う新しい世界はね、まず、みんながおいしいものを同じくらい食べられること。

それから、どこでも、いつでも、好きな場所、好きなお家に住めるんだよ。

そして、絶対に、だれも戦争はしないの。

おもちゃもいっぱいあってね、好きな時に、いつでも、なんでも、遊べるんだよ！　みんなで使っていいんだよ。

そして知りたいことがあれば、大人も子供も関係なく、いつでもお勉強できるんだよ。

それから僕は今、七歳だけど、この体が気にいってるの。永遠にこの体をもったまま、大好きなみんなと一緒に、ずっと生きていけるんだよ。

いろいろな発明もいっぱいするんだよ。地雷をなくしちゃうラジコンとか、僕の考えている通りに動く乗り物とか。

そして、花とか、木とか、動物ともお話ができるんだよ。

心がとってもきれいになって、だれも悪口や、嫌なことを言わないの。

毎日が楽しくて、美味しいものもいっぱいで、ワクワクすることもいっぱいで、お勉強もやりたいことをやるんだよ。

そしたら、みんな自然に優しくなって、好きになって、一緒に楽しく暮らしていけるね。
僕は楽しいのが、気持ちいいのが、大好き！　みんなもそうだよね！

「愛の星へ！」

あめのひかり：地球がどんな星だったら素敵かな？　未来の地球について、息子はよく夢を見ます。そして私たちはよく話しあいます。

みんなが優しく、みんなが家族で、みんながテレパシーでつながって（つまり以心伝心ですね）、家も、物も、すべてが「誰のものでもあり誰のものでもない」。

好きな時に、好きな場所に行き、すべての人がすべての人に対して愛の心を持ち、すべてに奉仕する。つまり、本当にやりたいことが仕事になり、ストレスがなく、誰も食べものに困らず、貧富の差もない。自分の意志に反して「〜しなければ」ということは一切ない。

みんなが楽しく、いつもワクワクして、好きなことを、人のため、自分のために仕事にする。年齢や性別の差というのもなく、学びたい時に学びたいことが誰でも学べ、その学びの目的は、科学の発達とともに、それを使う人の心の成長のため。

つまり何に基づくかということ。

それはとてもシンプルで、「愛」に基づくということ。

みんなが「ひとつ」となって暮らしていく。これはただの夢でしょうか？

これが現実だと、地球上のみんなが、全人類が強く思えば、地球は素敵な「愛の星」になると私たちは信じ、強く願っています。


そして、自分が地球に生まれた意味をたどっていくと、その答えはひとつのところに行きつきました。思考は現実を創造する。社会システムは人が創るもの。

ならば、人の意識が変われば、どのようなシステムも可能ではないでしょうか？

できることをみんなが信じれば、必ずそれは現実となっていくでしょう。


人類には、すでに備わっている知識があります。そして、これからも素晴らしい発明や、それらを人類と地球のために使用していく流れが強まっていくでしょう！

そして、それを次に担っていく世代は、私たちが育てていくクリスタル・チルドレンたち。

サイエンスを活かす人の「こころ」。それこそが鍵だと感じます。


心とは、自身の奥にあるハート＝愛の力！　力愛不二！　愛に優る力はありません。

みんなで「ひとつ」の大きな家族になり、地球を素敵な星に！　愛があふれ、笑顔があふれる星に創造していきましょう！

全ての人が、みんなを、自然を、この地球を、宇宙を、すべてを愛している、そんな星に！

「愛の星」　翔《かける》（十歳）

※翔くんとお母さんの光さんのコラボです。

「愛がいっぱいの地球」

翔：あたたかな太陽が輝き、すべての自然と人が仲良しの美しい地球を僕たちで創ろう！　みんな仲良しが永遠につづく、愛の星へ！

光：『愛の星』をイメージした翔さんの絵とメッセージです。中心の輝くエンブレムが地球だそうです。

翔のクリスタル・ブログ「愛と光」
http://nmcaa-kakeru.jugem.jp/
光ブログ　http://blog.nmcaa-hikari.jp/

「愛の紙芝居」　KEITO《けいと》（八歳）

KEITO：これは、今の地球です。地球は、みんながどうなっ

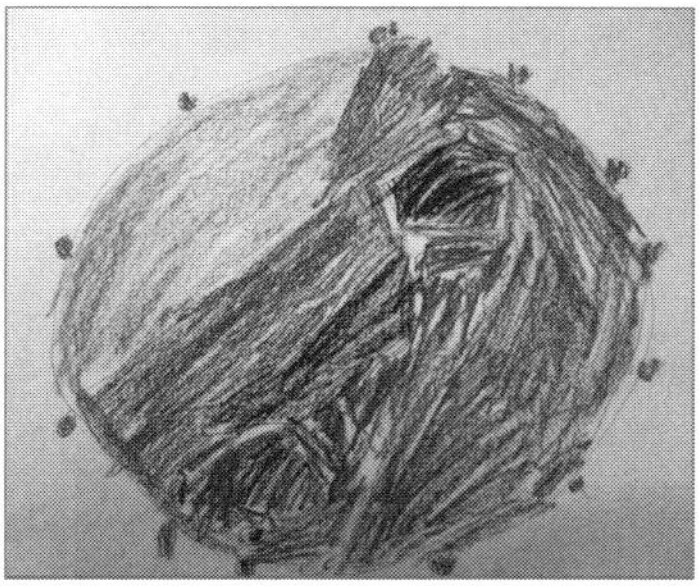

たらうれしいかな？

まずはボクがしあわせな時はどんな時か？　って考えてみました。

「ごはんがボクの好きなものだった時」「温泉に入っている時」「泳いでいる時」「ピアノがうまくひけた時」「歌ったり、おどったり、楽しい音楽をきいたりしている時」「友だちとあそんでいる時」「本を読んでいる時」「プレゼントをもらった時」「ほめられたりやさしくされたりした時」「ありがとうって言われた時や、言った時」「ギュッ！って抱きしめられた時」「自然のきれいなエネルギーをもらった時」「みんなの気持ちがそろった時」「何かを作っている時」

こんなことを考えていたら、地球のまわりにハートがあらわれました！

そこで、じゃあみんなが幸せな時はどんな時か？　って考えてみました。

「好きな人と一緒にいる時」「おいしいごはんを食べている時」「温

泉に入ったり、海でおよいだりしている時」「歌ったり、おどったり、楽しい音楽をきいたりしている時」「プレゼントをもらった時」「ほめられたり、やさしくされたりした時」「ありがとうって言われたり、言ったりした時」「ギュッ！って抱きしめられた時」「自然のきれいなエネルギーをもらった時」「みんなの気持ちがそろった時」「みんなで笑っている時」

こんなことを考えていたら、地球のまわりにこんなにたくさんのハートがあらわれました！

そこで、じゃあみんなが幸せな気持ちになるためにはどうしたらいいか？　って考えてみました。

「みんなで良いところを見つけあいっこして、ほめあって、みんなを好きになる」「安全でおいしいものをつくってみんなで食べる」「みんなで歌ったり、おどったり、楽しい音楽をきいたりする」「みんなで温泉に入る」「みんなの喜ぶものを考えてプレゼント交換をする」「きれいな言葉をたくさんつかう」「ゴミをなくすようにくふうをして、家も外も山も海もきれいにする」「大切なことは何かを

みんなで考える」「楽しいことをして、みんなで笑う」
そうしたら地球は、ほ〜ら、愛でつつまれました〜〜！！！
めでたし、めでたし！

「みんなで愛の星をつくる！」　ティアラ（十二歳）

※ティアラさんとお母さんの菊香さんのコラボです。

ティアラ：愛の星は、創造して、自分たちで創っていくもの。気愛をいれて、努力して、創っていくものだと思います。「知らない間にできていた！」なんていうことは決してないと思います。

愛の星とは、誰でもニコニコと笑顔でいることができ、競い合いや争いや憎しみがなく、お母さんの優しい愛をたくさん受け、愛がたっぷりつまっているような星だと思います。


どうやって愛の星を創っていくか!? それは一人ひとりの心がけが大事だと思います。

その心がけとは、常にポジティヴでいること。

つまりハイアーセルフとつながるということ。それは、愛の状態でいるということ。

そして周りの人に、愛をお届けすること。それだけだと思います。

でも、「それだけのこと」ができていない人が多いのではないでしょうか。

だからできるようになるために、気愛を入れてがんばろう!

みんなで愛の星をつくるぞ!

菊香:「愛の星」地球。それは空想の世界ではありません! 私たち親子の中には、そのヴィジョンがはっきりとあります。
「愛の星」ってどんな星でしょう!? それは、すべてが愛でつながっている世界。すべての人が幸せで歓びが満ちている世界。自然の中にずっと変わらずある愛。母親が子供を優しく包む愛。母親が子供を護り、育む、とても強い愛。子供の成長をただひたすらに願い、見守り続ける静かな愛。


そんな愛を、自分のハートにぜひ感じてみてください！

花が開くように、ハートが開いていくのを感じませんか？

ハートの中から、暖かい光があふれるのを感じませんか？


あなたを選んで生まれて来てくれたクリスタルのお子さんとも、しっかりと愛でつながっているのを感じることができるはずです！

いつでも誰に対しても、ハートを開いて、この愛の状態でいられたら、自分の中が幸せな気持ちで満たされているのを感じるはずです。

みんながそんなふうにハートを開き、愛の状態でいたら、世の中に争いや競争なんてなくなるはず！　そう感じませんか？


あなたが愛を選択すること。それはこの地球が「愛の星」になる大きな一歩だと思います！

愛を選択する人がどんどん増え、ハートと愛でつながっていけば、みんなが笑って暮らしている幸せな世界、みんながありのままで安心して過ごせる平和な世界、人々や自然が光輝き愛に満ちた世界となり、地球が「愛の星」となるでしょう！

クリスタルの子供たちは、地球をそんな「愛の星」にするために生まれて来たのだと思います。

クリスタルの子供たちとともに、「愛の星」地球を創っていきましょう！

「素敵な地球へ！」　歌音《かおん》（十二歳）

※歌音さんと、お母さんの那美さんのコラボです。

歌音：皆さんこんにちは！　小学六年生の歌音クレアです！

いきなりですが、皆さんに質問をさせていただきたいと思います。

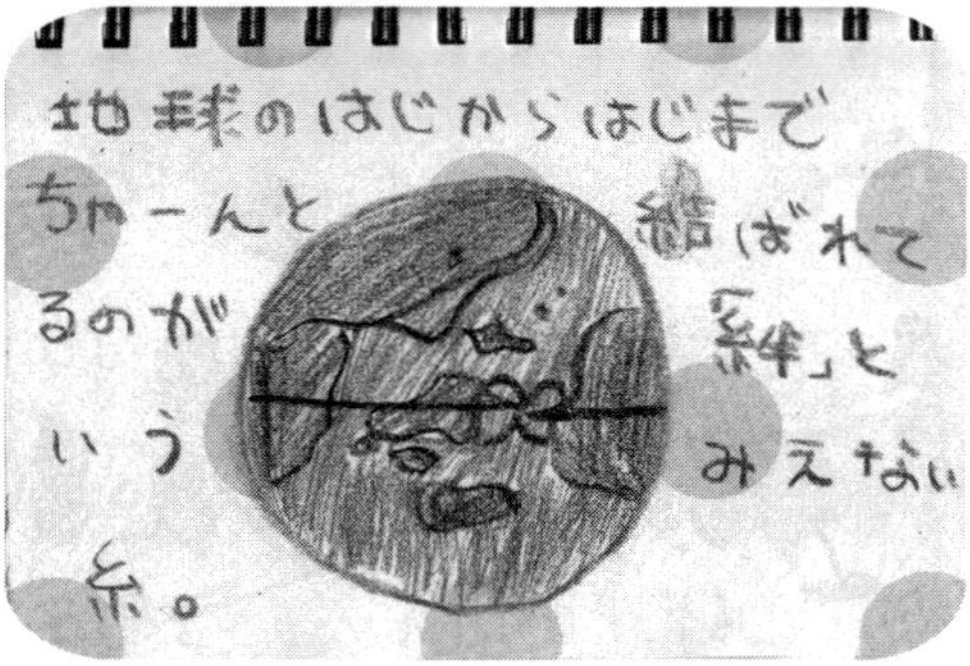

一、楽しいことが好き？
二、お友達が好き？
三、大きくなったら（または、将来）、なりたいものがある？
四、好きな人がいる？（ママやパパでもいいよ！）
五、だれかが笑ってくれると、自分もうれしくなる？
六、地球が大好き？

以上の質問で、一つでも「ＹＥＳ」と答えた人は、この本は必読だと思います（笑）！

つまり、もうあなたはすでにアセンションを、自分では気づかないうちに実行し始めているということなのです。

アセンションとは、地球のみんなを笑顔にさせること、しあわせにすること、楽しい星にすること、愛がいっぱいの星にすることだと思います。

皆さんは、お菓子のアメが空から降ってきたらいいなと思ったことはありませんか？

アセンションすると、アメではなく、ハートや星が空からたくさん降ってくるようになります！　でも、そういう地球にするには、たくさんの時間とたくさんの人の協力が必要だと思います。

一人でも多くの人がアセンションすればするほど早く、素敵な地球になります！

だから、今日からあなたも、私たちと一緒に、アセンションしてみませんか！？


那美：愛の星を創りましょう。「愛の星ってどんな星？」と、ワクワクしながら、ぜひお子さまと愛の星について語り合ってください。絵を描いたり、コラージュを創ったりするのも愉しいでしょうね。

そうなのです。愛の星を創るプロセスそのものもとても大切！

愉しみながら、笑いながら、愛を感じながら、自由に伸び伸びと、あなたも子供に返って、この創造というプロセスにぜひ参加なさってください。

参加者＝創造者になりましょう。傍観者ではなく。

みんなでともに創る時、この地球は、愛の星として光り輝くことでしょう。


nmcaa-izanamiproject.jp/　ameblo.jp/izanamiproject/　twitter.com/NamiRoseMary

「愛の地球」
みわ（四歳）＆ 沙那（母）

二人で愛の地球の絵を描きました！

「愛の星を目指して」　天野 明（十五歳）

私は小さいころから森や自然が大好きでした。そして、自然をもっと守りたいと思っていました。

Ａｉ先生のアカデミーで学ぶ中で、Ａｉ先生のご指導と母のサポートの下、初めてハイアーセルフにコンタクトした時はとても強いエネルギーが自分の中に降りてくるのを感じました。それは、自分の中での「ファースト・コンタクト！」という感じでした。

そして「愛の実践」というテーマで、ハイアーセルフの「あかり」や、マスター・モリヤ、そしてサナンダ先生（ロード・サナンダ）とコンタクトをしてみました。

とても大きな愛を感じ、胸がいっぱいになりました。

何よりも、地球を愛の星にすることができる！　ということを実感しました。

愛の星、地球維神へ向かって、エイエイオー！！！

「愛の実践」（1）ハイアーセルフからのメッセージ

日常生活の身近なところに愛があります。自分が何かをする前に、「この行動には愛があるか？」と考えてみましょう。愛がある行動をするように心がけましょう。普段の行動に愛があるかどうかを考えるだけで、自分の環境も変わります。愛を行動しましょう！

「愛の実践」(2) マスター・モリヤからのメッセージ

愛の実践とは！？　愛を実践することである！　愛を実践するには、ちょっとしたことからでも始めるとよい。「愛を実践せよ」と言われて、どこからやればいいのかと戸惑わず、小さなことからやっていくとよい。

たとえば、近所の人に気持ちよく挨拶をする。人に親切にし、笑顔でいるだけで自分も周りも変わる。礼儀正しくすると、人との関係も変わる。

それはすなわち、エネルギーが変わるということである。

愛とは、「よきもの」すべてである！　何かに限定したりする必要はない。

愛とは、ハートを開くことだ！

そうすると、自分が変わり、人が変わり、周りが変わり、環境が変わり、最後には惑星が変わっていく。

これがアセンションである。愛とは何か、なんてのんびりと考えていないで、まずは笑顔でハートを開くこと。ハートを開けば変わる。ハートを意識し、開いていくのだ！

「愛の実践」（３）サナンダ先生からのメッセージ
道具にも、愛をもって接すると、道具も愛をもって応えてくれます。
同じように、人に愛をもって接すれば、人も自分に愛をもって接してくれます。
そうすると、みんなが調和した世の中になるのです。

Ｗｅｂ　http://nmcaa-amenotorifune888.jp/
ブログ　http://blog.nmcaa-amenotorifune888.jp/

「親子でアセンション—愛の星へ！」　天野照子

照子：皆さまこんにちは！　天野明の母です。十五歳の息子、明《あかる》と一緒にＡｉ先生のアカデミーで学んでいます。

Ａｉ先生によると、多くのクリスタル親子と同じく、私たち親子も宇宙に戻れば双子の魂でパートナーだそうですが、地上では、過去生でも親子として生まれているようです。

つながりが強いと親子という形で生まれるそうですが、私もこれが良い形だと思いますし、いろいろなことをともに乗り越えてきた同志という感じです！

明さんが生まれる前からのことを、少し思い出して書いてみますね。

結婚してからは、小さなかわいらしい男の子がいつもそばにいるのを感じるようになり、何年かして息子が生まれました。妊娠中は母子ともに元気で、かなりの健脚だった明さんは二十四時間、私のお腹をキックしていました（この頃から、武道の真似事をしていたのかもしれません。笑）。

お腹に向かって話しかけているうちに、好みのものを感覚で伝えてくるようになりました。たとえば音楽では子供向けのクリスマスのＣＤがお気に入りで、聞き終わると「もっと聞きたい！」という感覚が届き、ほかの曲では、ブー！　とブーイングの感覚が届いたり、バイオリンの曲の時は神妙な様子でじっと聴きいっているという感じでした。

このような感覚によるやりとりはとてもおもしろく、言葉でなくてもコミュニケーションができること、そして心でのコミュニケーションの方が、さらに絆が強まっていくことを体感しました。

お腹にいた明さんは、嬉しくて楽しくてしょうがない！　というエネルギーを伝えていたのだと思います。

子供が生まれたらどのような生活になるのかというヴィジョンも観えていました。

それは息子のハイアーセルフからのメッセージだったことが後から分かりました。

もし今、お腹に赤ちゃんがいる方がいらっしゃいましたら、ぜひ赤ちゃんとコミュニケーションして、赤ちゃんのハイアーセルフと交流するように試してみると楽しいですよ！

明は物心がついた時から優しい平和主義という性格で、生きる歓びを全身で表現していました。きっとすでにアセンション後の光り輝く世界を観ていたのでしょう。

自然が大好きで、地球の美しさを讃える息子を通して、私も宇宙のすべては愛と光であることや、地球をひとつの生命として観るようになりました。

息子のそばにいると、純粋なエネルギーに包まれる感じで、その波動を壊してはいけないといつも思っていました。

九才くらいまでは、優しくて天真爛漫で、九才以降は武道を習い始めて、強さと力も身につけることを覚えたようです。

自分の感覚を信頼して行動する姿から私も学ばせてもらっていますし、幼い頃の純粋な心と、地上での現実の生活とのバランスをともに考えることは、私には大きな学びでした。

私がアカデミーで学び始めてからは、明さんも十二歳の時にクリスタルのメンバーとしてアカデミーに参加することになりました。

親子でいつも宇宙や自然の話などをして、アセンションについての話もしていたので、明も

「ぜひアカデミーに参加してみたい！」と目を輝かせました。

初めて明がAi先生にお会いした時には、懐かしい感じがしたそうです。

Ai先生に教えていただいたアセンション瞑想をしているうちに、明は自然にハイアーセルフとのコンタクトが始まり、高次のマスター方からもメッセージを受け取るようになりました。本人にとってはごく自然なことのようで、高次とつながる時にはエネルギーで分かるそうです。

メッセージはエネルギーで届き、それがどんな言葉か考えると、自然にハートから言葉に翻訳できるのだそうです。

大人のようにあれこれと頭で考えず、エネルギーのすべてをハートで感覚として捉えています。子供たちは、ハートがいつも開いているのですね。

そして明は、ハイアーセルフと常につながりながら生活をすることが、今では当たり前になったようで、今この瞬間の行動や選択に愛はあるか？　と考えるようになったとのことです。

ある時に明がアセンション瞑想で観た「アセンション後の新宇宙（ＮＭＣ）」（「天の岩戸開き」参照）のものすごい光は、とても衝撃だったそうです。

速くあのような光り輝く愛の世界になってほしいと、その一心でがんばっていると言っています。

子供たちはいつも無限の愛を教えてくれます。本当に、すべては愛なのですよね。

もし皆さまのまわりに、地球が大好きで、愛あふれる優しいお子さんがいらっしゃったら、きっとクリスタル・チャイルドですね。

親子でアセンションをしていくのは、とても楽しいです。

多くの方々が、親子でアセンションができることを私も願っています。

明さんも、Ａｉ先生のご指導の下、愛と光にフォーカスしながら、根源へのアセンションを目指して邁進しています。

日々、１００％ポジティヴで、ともにエネルギーを上げていくこと！　愛にフォーカスすること！

地球が愛の根源へ帰還することをイメージしながら、ともにライトワークをすることは、これをやるために今回、親子として生まれきたのだ！　と心から実感しています。

親子でともに地球維神！　みんなでともに、愛と光の星を創っていきましょう！

Ｗｅｂ　http://nmcaa-takamanohara888.jp/

ブログ　http://blog.nmcaa-takamanohara888.jp/

世界のクリスタルへのメッセージ！

「みんなでお手てをつなごう！」　ＫＥＩＴＯ《けいと》＆彩《あや》＆優美

優美：小学二年生の男の子のＫＥＩＴＯ、三歳の女の子の彩、そして母の優美です。二人とも、フルタイムで勤務しながら、不妊治療の末に授かった大切な命です。自然に子供ができないということは、今生では産まなくてよいということなのかなぁとも思いましたが、勤め先にも公表しての通院で、不妊治療に付きものの悲痛さも特になく、幸運にも二人は私たち夫婦の下に生まれて来てくれました。

ＫＥＩＴＯも彩も、出産予定日や産院の先生の予想を全く無視した、まるで生まれる時を自分で決めたとしか思えないタイミングでの地上へのご登場でした！

Ａｉ先生によりますと、ＫＥＩＴＯは生後1週間目にＡｉ先生のところへ金の兜をかぶってご挨拶に伺ったとのことです！「今生は愛の使者になる！！！」と！

そしてその宣言通り、争い事を好まず、保育所や幼稚園ではお友達が戦闘モノにはまっていても、一切興味を示さずに今日まで過ごしてきました。

クリスタル・チルドレンのことを知るまでは、周りと安易には同調しない不思議な子だなぁと思っていました（笑）。歌と踊りが大好きです。

Ａｉ先生のアカデミーに家族で参加してからは、水を得た魚！　恥ずかしながら、懇親会では「宴会部長」となっております！

本質的な性質は生まれてからずっとそのままですが、その他の変化を強いて挙げると、より生き生きとして、いつも楽しそうで、次のアカデミーでの集まりや懇親会はいつか？　といつも聞き、「ボクはこれで良いんだ」と納得して落ち着いた感じ（？）。そしてより白い、透明なエネルギーのイメージになりました。

小さい時は、どこからか御神木（？）を見つけてきて庭に据えて、「これは神様だからちゃんと毎日お祈りしてね」と言われたり、工作をしているなぁと思っていたら「神様をつくったよ」と見せにきたりしていました。泣いている時に「天照大神」の掛け軸の前に連れて行くと泣き止んだり。

それから、我が家では雨が降っていてどうしてもやんでほしい時、ＫＥＩＴＯに窓の外に向かってお願いをしてもらいます。すると不思議と少しやんだりするのです。出かけ先の駐車場が混んでいると分かっている時は、ＫＥＩＴＯに頼んでおくと、一台分だけ空いたところがあったりします。

いつだったか、道に捨てられたカップ麺の容器とタコ焼きの容器（汚～～いもの〈汗〉）を、自分の自転車の籠にたくさん入れて持って帰ってきたこともありました。

また工作にでも使うつもりかと思って、「何でそんなものを拾ってきたの！？」と語気荒く問いつめた私に、「ち、地球を守るため！！」と果敢に返したことも！！（笑）

「KEITOより、世界のクリスタル・チルドレンへ」

KEITO：ぼくは、みんなのことが大好きです。みんなの笑顔が大好きだよ。みんながずっとやさしい顔で笑っていたら、とてもうれしいと思います。

ぼくは、この宇宙をすべて、愛と光でつなぎたいんだ！

そのためにみんな、いい言葉を使おうよ。きれいな言葉をみんなが使えば、みんながすごい人になれて、みんなが仲良くなれるよ。よく考えてみてね。

ぼくは、人間はいい生き物だと思って生まれてきました。

最近は、みんながキラキラしてきました。ダイヤモンドを持っているみたいだよ。

きみは、何のために生まれてきたのかな？　お父さんやお母さんや先生、大人たちが言うことも大事だけど、いったんおいて、自分の心でじっくりと考えてみようよ。ほうら、思い出すでしょう？

自分で感じないといけないんだよ。みんな一人ひとり、やりたいことは違うんだから。

ぼくたちは待っているよ！

きみが、きみの心が愛と光でかがやいていることに気づいて、まわりの人の心を愛と光でつないでくれることを。

優美：三歳の娘の彩は、私が「お腹の中はどんなところだった？」と聞いた時に、一言で「うみ！」と答えてくれました（彩は海と泳ぎが大好きです）。

新生児室の中では、一番おとなしかったKEITOとは対照的に、一番の大音量で泣き叫んでいました。Ai先生のアカデミーに参加を決めてからは、少しは落ち着いて女子らしく（？）なりましたが、とにかくよく泣き、とてもエネルギッシュな女の子です。

二歳の頃は、よく空を見上げてつぶやいていました。「まだ雨降ってこないなぁ」と。

あまりに何度も言うので、ある日、天気予報通りに「今日は雨は降らないと思うよ」と言ってみると、なんと実際に雨が降ってきて、「だって降らせたんだもん！」と！　雨を止ませることができる（？）KEITOの妹は、雨を降らせることができるのでしょうか！？

二歳半のある日は、ハサミで広告の用紙を切って遊んでいました。三角っぽい形のものをたくさん作り、「はい、ハート！」と私にくれました（私はハートという言葉を一度も教えたことがないのに！）。その後も次から次へと「はい、ハート！」、「はい、ハート！」！！！　ハートをたくさんもらって、とても心が温かくなりました。

ある日は、ＫＥＩＴＯがちょっとした怪我をした時に、彩が手をあてて「痛いの痛いの飛んでいけ〜〜！」をしたのです。するとＫＥＩＴＯが一瞬キョトンとして、「今、本当に痛いのが少し無くなった！」と言うのです！

エネルギーの送受信が互いにできるクリスタル・チルドレンって、便利ですね！？

「彩より、世界中のクリスタル・チルドレンへ」

みんないっしょに、お手てをつなごう！

みんななかよく、お手てをつなごう！

おかあさんも、お手てをつなごう！

あやも、お手てをつなぐよ。

みーんなで、お手てをつなごう！

みんな、もっとそのままいきていいはずだよ！

もう、なかなくていいからね！

もう、おこらなくていいからね！

どうしてわらえないの？　わらってね！


優美：母である私がまだまだ未熟であるため、なかなか彼らのエネルギーをそのままお伝えすることは難しいのですが、私自身がアカデミーに参加するようになってから確信したことがひとつあります。

私たち夫婦の宝物のＫＥＩＴＯと彩は、私たち夫婦だけの宝物ではなかったのです。

クリスタル・チルドレンたちは、世界の家族の、人類全ての、この宇宙すべてにとっての宝物だったのです。


「みんなのハートがひとつになるっていうことはね、みんなのきもちがおんなじになるっていうことなんだ」　ｂｙ　ＫＥＩＴＯ

KEITO・彩・優美のクリスタル・ブログ　http://yuubi-crystal.jugem.jp/

「ともに愛のまなざしの中で」　あさひ（三歳）＆はるか（母）

ともに愛のまなざしの中で、地球をまもろう！
わたしたちは生まれてきた。今ここに愛と光をもたらすために！
愛以外の世界はもう終わろうとしている。
ともに誓ってきた。愛になることを！
地球を愛の星にすることを！　愛を拡大することを！
目覚めよう！　わたしたちの真のパワーで地球全部を引き上げよう！
それは光。永遠の愛。
地球を美しく光に満ちた星にすることを誓って。

「クリスタル維神」ブログ　http://aino-ishinn.jugem.jp/

「みんなで地球を愛と光の星へ」　ティアラ（十二歳）＆菊香（母）

ティアラ：皆さん、こんにちは。ティアラです。Ａｉ先生のアカデミーのクリスタルの部の本部に参加してからこれまでの間に、私が感じたことを書きます。

参加してすぐに、「クリスタルの仲間がたくさんいてよかった！」と思いました。

私の周りのお友だちは、平和を好まない子もいるのですが、クリスタル・アカデミーでは、そのままの自分を表現しても安心していられる場所だと感じて、力が抜けたようでした。

またＡｉ先生は、私の疑問には何でも答えてくださるので、「凄い！」と思いました。

参加してからは、いつもポジティヴでいられるように、母と楽しくがんばりました。

すると、自然に強さも身につきました。自分の意見を怖がらずに言えるようになりました。

お友だちとの関係も変わり、自分の周りが平和になりました。今は、いつも安心していられます。

小さい時から私は、「お母さんと何かしたい！」と思っていました。

それは、「この地球を、愛と光の星にする」ということだったのだと分かりました。

アカデミーのメンバーのみんなに会った時、本当につながっている家族だと感じました。

今は、母だけではなく、アセンション家族のみんなで、新しい地球を創っていくのだと思って

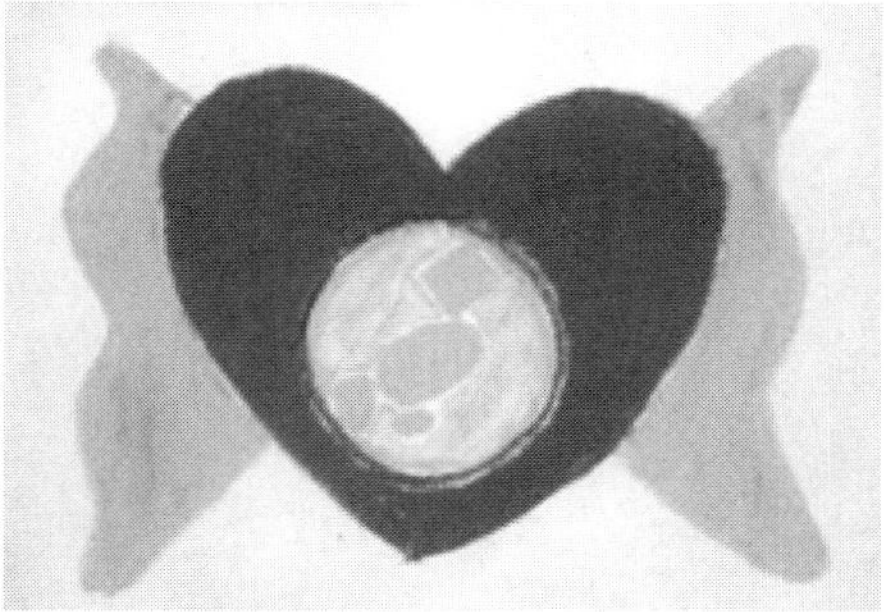

います。

もっと多くの人に、アセンションのことを知ってもらいたいです。

そして、一緒に、この地球を美しく光輝く愛の星にしていきたいです。

世界のクリスタルのみなさん！　今、たくさんのクリスタルたちが、この地球に生まれて来ているのを感じています。

わたしたちクリスタルみんなで、力を合わせて、キラキラ光る愛に満ちあふれた地球、優しく温かい愛の光に包まれた地球をつくりましょう！

ティアラのブログ　http://nmcaa-tiara.jugem.jp/

「クリスタルの子供たちと関わりのある皆さまへ」

菊香：皆さんこんにちは！　母の菊香です。小学校六年生の娘のティアラと、Ａi先生のアカデミーに二年前から参加しています。

今、愛と光に満ちあふれた子供たちが、この地球を、愛の星にするために生まれてきています！　そう、あなたのところにも……！　皆さんも、気づいていらっしゃるのではないでしょうか？

あなたと約束をして、あなたを選んで、愛にあふれる子供たちが生まれてきています。

クリスタルの子供たちは、私たち大人に、競争からは何も生まれないことや、ともに愛に生きることを教えてくれています。様々な気づきを促してくれています。

この本を読んでおられるあなたも、これまでの旧い価値観と、旧い社会を卒業して、愛と光に満ちたクリスタルの子供たちとともに、愛の星、新しい地球を創造していきませんか！？

私の娘、ティアラのことをお話しします。私は結婚した時、いえそれよりもっと前から、高次にいるまだ観ぬわが子に向かって、「お母さんとお父さん、そして、あなたの準備が整ったら、お母さんのお腹に来てね」と、呼びかけていました。妊娠を確認する前から、それまでには感じたことがないようなエネルギーを全身に感じるようになり、妊娠したことが自覚できました。その強いエネルギーは、妊娠中ずっと継続して、私に降り続けていました。

また妊娠と同時に、クリスタル・チルドレンやアセンションに関する情報が、私のところに集まってきました。

私は、「クリスタル・チルドレン（新しい地球を創る子供たち）を授かり、育てるのだな！」と、自然に感じていました。

そして、「この子の使命がまっとうできるように、しっかりと育てなければ！」と、責任感も湧いてきました。


陣痛が始まる少し前に見上げた夜空は、まるで異次元の空間でした。「もうすぐ生まれるよ！」と、ティアラからメッセージがありました。彼女は父親のいる時間や、すべてのタイミングを合わせて、自らの意志で生まれてきました。

生まれたばかりのティアラは、すべてを知り尽くし、見抜いているかのような深い眼差しで、私に挨拶をしてきました。その瞳は、強く美しい光を放っていました。私には、彼女はとても赤ちゃんとは思えませんでした。赤ちゃんという小さな器に入っていますが、深き叡智と強い意志をそなえた魂だと感じました。

ティアラからは、「人々を光へ導き、新しい社会を創るために生まれてきました！」というメッセージを受け取りました。

私は、「彼女がやろうとしていることを、しっかりとサポートしていこう！」と心に誓い、常にその想いを持ち続けてきました。

生まれた時からティアラは私に、すべてをテレパシーで伝えてきました。そのため、彼女がして欲しいことはほとんど理解することができたので、ティアラ自身もストレスが少ないようでした。


新生児のティアラは、長く眠ることがなく、覚醒している時間がとても多く、身の回りのすべてをじっくりと観察して吸収していきました。私はそんな彼女に、大人に接するのと同じ態度で接し、話をしました。ティアラは、自由に動けないことがもどかしく、早く自分のことは自分でできるようになりたいと言わんばかりに、肉体的な機能の発達のための動きを積極的に行なっていました。少しでも早く自立したいという想いがよく伝わってきました。

私はそんな彼女のために必要であれば手を貸し、彼女が興味を持っているものについては説明をしたりしました。彼女の自立のためのサポートをじっくりと時間をかけて行いました。

それは、ティアラと私のゆるぎない信頼関係を築く時間でもあり、母である私の至福の時間でした。そのかいがあったのか、ティアラは様々なことが早くできるようになりました。

ティアラはとてもエネルギーに敏感でした。場のエネルギーにも敏感に反応して、美しい自然の中にいることを好みました。

その場に、怒っている人がいるだけで怖がって泣き、エネルギーが良くない場所は好みませんでした。そういう場にやむをえず滞在する必要がある時は、泣き続けていました。

ですからテレビで怖い映像が映ると、必ずスイッチを切りました。また、私と夫以外の人に抱かれると泣き叫んでいました。

ティアラは、地上に人として生まれたという分離感からか、私と一緒の空間でないことが耐えられないようでした。

四歳で幼稚園に通園するまでは、私たち母子は二十四時間、片時も離れたことがなかったほどです。

言葉を話せるようになった頃、「ねえ、ティアラは、なぜお母さんのところに生まれてきたの？」と尋ねると、「お母さんのことを、ずっとお空（天）の上からみていて、お母さんが呼んでいたから、お母さんのお腹におりてきたよ！　天には、今のお友だちの○○ちゃんと、○○ちゃんもいっしょにいてね、生まれてからも友だちになろうね！って、約束していたんだよ！」と、教えてくれました。「お腹の中はせまかったから、蹴ったりしていたよ。はやく出たかった！」とも言っていました。

会話が初めてできるようになった時の彼女の話し方は、とても幼くて、かわいい赤ちゃん言葉でしたが、じっくりと考えて言葉を選んで話しているようでした。

その言葉の中には、私に気づきを与えるものや、矛盾した大人の態度を鋭く指摘するような内容のものもあり、いつも驚かされていました。

四歳のころのティアラは、「私は神さまの子供だから、大きくなったら神さまになる！」と、いつも言っていました。

彼女の将来の仕事の夢は、「お母さんといっしょに、お花やさんをすること。花がさくと、人々がしあわせになるから、すべての場所が美しく輝くようなお花の種をつくって、それを世界中にばらまくの。そして地球全体をきれいな星にしたいの」というものでした。

お友だちに意地悪をされても、「自分の胸から出ている光をプレゼントする」と言ったり、ある時は、「世界中の困っている人たちを助けるために、魔法の杖がほしい」と、サンタクロースにお願いしていました。

彼女は、常に寛大で、安定して、穏やかでした。その上、どんなことでも楽しんで行なっていました。その行動は、常に周囲に愛を贈ることそのものでした。私は、この上なくティアラを愛し、尊敬していました。

そんなティアラが成長して十歳になる頃、クリスタルを取り巻く様々な環境の影響の中で、私はクリスタルの子供の魂の美しさを曇らさずに育てることの難しさを、しだいに感じるようになっていました。

当時のティアラも、社会の荒々しいエネルギーや、理不尽な態度のお友だちとの付き合いかたなどについて、難しさを感じはじめていました。私は、そんなティアラをサポートするための方法を試行錯誤する日々が続いていました。

さらにお恥ずかしい話ですが、私自身もティアラに対して、気づかぬうちに既成概念の価値観で、親という仮面を被り、教育や指導という名の下に、押し付けがましい態度をとってしまうことがありました。

そんな私のエネルギーに、ティアラはとても敏感に反応し、反発してきました。

しかし当時の私には、彼女の態度を、高次の視点で観ることができずにいました。

クリスタル・チルドレンであるティアラを、この先、つぶさずに育てる方法を日々模索しながらも、行き詰まりを感じていました。


ちょうどそんな時、私たち二人はＡｉ先生のアカデミーに出会い、クリスタルの部にも参加することになりました。これは奇跡でした！

クリスタル・アカデミーで学び始めたことで、私たち母子の関係は大きく変わりました。


自らも参加表明をしたティアラは、「こんな場があって、安心した！」と言いました。

それは、自分と同じクリスタルの仲間がたくさんいたことへの安心感と、Ａｉ先生になら何でもわかってもらえるという安心感でした。

母である私の方は、Ａｉ先生や、クリスタルを育てられている先輩のお母さんたちとともに、親子でアセンションを学び、ライトワークができることにワクワクして、歓びでいっぱいでした。

今までこんな場は、どこを探してもなかったのですから！！！

大人のアカデミーとクリスタルの部でも、愛と光のエネルギーを発神していくためには、心の強さも必要。力愛不二。真の愛とは？　ということをＡｉ先生から学び、ティアラも自分なりに実践し、学んでいるようです。

私の方は、参加当初にＡｉ先生から「クリスタルの子供たちは、とてもエネルギーに敏感で、高く、美しく、よい波動、よいエネルギーが好き」と教えていただきました。これが私の認識を大きく変えました。

「ティアラは、三次元的に目に見えるもの、聞こえる言葉に反応しているのではなく、エネルギーで全てを観て、反応しているのだ！　ならば、いくら親として私が正当なことを言葉で伝えていても、彼女は言葉自体ではなく、その奥に潜んでいる私のエネルギーに対して反発しているんだ！」と、自らの中に残るマイナスのエネルギーや考え方を一掃するきっかけをいただきました。

それらを理解した上で彼女と接すると、自分が出しているエネルギーが一目瞭然で分かるようになっていきました。自らが気づいている、気づいていないに関わらず、良くないエネルギーを出していると、ティアラが必ず良い反応を示さないのですから。

自分の意見を言葉で表現できる年齢になったティアラは、厳しい言葉で、私の出しているエネルギーを指摘してくれました。彼女は、とても厳しいエネルギーセンサーのようでした。おかげで私は、自分のエネルギーを客観的に確認しながら変えていく訓練ができました。

私は三次元的な親としての立場だけで、子供に教えることを完全にやめました。

クリスタルは、三次元社会での経験は未熟であっても、本質的なことは、潜在的に大人よりもよく理解していることを、身にしみて理解したからです。

自分の子供として、上からの立場で彼女を観るのではなく、魂では対等な立場で彼女に接するようになりました。

すると、幼い時に彼女に抱いていた信頼と敬意の念が、私の中に完全に戻ってきました！

今では、親子が逆転しているのでは（？）と、感じるくらいの毎日です（笑）。

ティアラは、私にとって良き理解者であり、ライトワーカーとして良きパートナーでもあります。

素晴らしいタイミングでクリスタル・アカデミーに参加できたこと。ここまで導いてくださったＡｉ先生や、クリスタル・アカデミーのメンバーの方々に、心より感謝しています。

そして私たちクリスタル母子のこれまでの経験が、この本を読んでおられる皆さまに、少しでもお役に立てたら幸いです。

今この時、自分たちが未来の地球を創造するという使命を持ち、高い意識を持ったまま生まれてくる子供（クリスタル・チルドレン）がたくさんいます。それは日々高まっていると感じます。現在、生まれてくる子供のほとんどが、美しい光を放っていて、クリスタル・チルドレンであると思われます。

娘のティアラは、同世代の子供の半数ぐらいが、クリスタルであると感じるそうです。

しかし現在の社会の中では、周囲の大人の無理解により、本来の自分の使命を全うすることができずに混乱している子供が多いように感じます。

私が知っている範囲だけでも、学校に行けなくなる子供が約十パーセントほどもいます。行けなくなる理由は様々なようですが、みんなエネルギーに敏感な子供たちです。

社会に渦巻くネガティヴなエネルギーや、旧い価値観による周囲の大人から受ける、型にはめる教育などが原因のようです。

親が既成概念を手放して、子供たちをエネルギーで観て、関わっていくようになることが出発点ではないかと感じます。

新しい地球の未来のために、親がクリスタルの子供たちの使命を全うできるように、サポートすることの重要性をひしひしと感じます。

光栄にも、クリスタルの子供たちから親として選ばれたのですから！！！

さあ皆さん、クリスタルとともに誇りを持って、クリスタルが目指す美しき地球をともに創造していきませんか？

菊香のクリスタル・アセンション・プロジェクト　http://nmcaa-kikuka.sakura.ne.jp/
菊香のブログ　http://nmcaa-kikuka.jugem.jp/

「愛と光の虹の天使」　真瑠《まる》（七歳）&実璃《みのり》（四歳）&真優（母）

「愛と光のアセンション日記」
真優：皆さんこんにちは。私は約二年前に、娘の真瑠と息子の実璃と、Ａｉ先生のアカデミーの関西校に参加しました。

二人の妊娠と出産は、愛と光のエネルギーが全開であるクリスタル・チルドレンと一体化できる、神聖な体験でした。

二人ともベストのタイミングで、私のパートナーとして生まれて来てくれました。


「真瑠編」

胎内の記憶があるのかな？　と興味があり、真瑠に聞いてみたら、とても楽しそうに話してくれました。

真優：お腹の中のことを覚えている？
真瑠：うん、あたたかくて気持ちよかった〜！
真優：どうやって、生まれてきたの？
真瑠：こうやって生まれてくるねん！（と、頭を回転させました）
真優：なんでお母さんのところに生まれてきたん？

真瑠：さみしそうやったから〜！

この頃から真瑠とは、よく生まれる前のお話をするようになっていました。

真優：生まれる前はどんな気持ちだった？

真瑠：お母さんに会うのが楽しみでウキウキしていたよ。

真優：お腹の中では何をしていたの？

真瑠：両手を動かしてあそんでいたよ。おへそから外をみていたの。

真優：お腹の中ではどんな気持ちだった？

真瑠：あったかかったよ。お母さんが歩く時はお腹がゆれて、わたしもコトコトゆれて、音楽みたいだったよ。

と、とっても楽しそうに話してくれます。

そして最近の真瑠との会話です。

真優：地球には何をしに生まれてきたの？

真瑠：地球をきれいにするために生まれてきたんだよ。地球に生まれに来る時には、試験があるんだよ。どうやって地球をきれいにするかとか。

真優：どうやって地球をきれいにするの？

真瑠：みんなが心をひとつにすること。自分できれいになると思うことを、考えてするの。

真優：地球がアセンションしたら、どんな世界になるの？

真瑠：心のきれいな人ばかりになって、みんないつも笑顔になるの。

真優：真瑠ちゃんは、どうやってみんなにアセンションを教えてあげるのかな？

真瑠：絵や絵本を描いて、みんなに見てもらうの。それでやさしい気持ちになってほしいの。

「実璃編」

真優：真瑠が三歳になった頃に、もう一人生まれたい命があるような気がしてきたのです。その意志をしっかり感じていたのでしょう。その後すぐに妊娠しました。

実璃は生まれた瞬間から、全身全霊で気持ちを伝えてくることがわかりました。言葉を交わさなくても、しっかり伝わってきます。ですから、生まれた頃から、何でも説明をするように心がけています。一～二歳の頃には子供扱いをして、親の都合で行動すると、かなりご機嫌ナナメでした。しっかり説明して、理由が分かると納得します。

やはりクリスタルだな！　と感じることは、エネルギーに敏感で、重い空気感のところからは帰ろうとします。

アカデミーのメンバーといる時は、本来の自分でいられるようで、楽しそうにしています。

生まれる前の記憶も、胎内記憶も鮮明に覚えているようですが、言葉にして教えてくれることはほとんどありませんでした（真瑠の通訳によると恥ずかしいとのことです）。

でもひとつだけ教えてくれたことがあります。

真優：地球に何をしにきたの？

実璃：遊びに来た！（この答えは意味が深いなと感じました）

真優：愛ってなーに？

実璃：ハート！

このように、実璃は愛と光を全開で生きています。ハートや星やお月さまが大好きで、争いごとは好きではないようです。遊ぶ時はとっても楽しそうですし、何かを作っている時の集中力は抜群です。幼稚園でもブロックや積み木で車を作ったりして、創造力が豊かなところを発揮しているようです。

実璃は赤ちゃんの頃から、その場にいるだけで周りの人を笑顔にしていました。

実璃と一緒にいると「癒される」とよくみんなからも言われます。

幼稚園でも愛嬌たっぷりにお友達や先生と接しています。

「世界のクリスタルへのメッセージ」　真瑠&実璃

みんなでいっしょに遊ぼう！　手と手をつないで！
みんなでいっしょに笑おう！　ハートを開いて！
みんなでいっしょに踊ろう！　輪になって！（ワッショイ　ワッショイ）

さあ、みんなで愛を叫ぼうよ！
そしたら気づくよ、愛と光だということを！
さあ、目覚めよう！　今ここで！

真瑠&実瑠&真優のクリスタル・アセンション・ブログ　http://nmcaa-ainiji.jugem.jp/

「愛と光のクリスタル維神」　日音（二歳）＆ひふみ（母）

世界中のクリスタルのみんなへ！

皆さんの、純粋な『愛と光』を発する時が来ています！

皆さんは、地上年齢は若くとも、愛と光そのものの地球維神の志士です。

この地球に、愛と光の楽園を創造するために、あなたたちは生まれてきたのです……！

皆さんは、知っている！　神聖な愛を！　無限の光を！　真なる真実を！

真なる美を！　弥栄なる調和を！　魂と生命の喜びを……！

そして、胸に秘めた熱い想い……それこそが、真実の「あなた」ということを！

そして、私たちは、知っている！　未来の愛の星・地球を……！

あなたの内側にある、その光輝くヴィジョンを、そのままあなたの愛と光で地上に映していきましょう！

その星を一緒に創っていくのが、クリスタルたちの共通の使命〈ミッション〉なのだから！

世界中のクリスタルのみんな！　さあ、今こそ、手をつなぎましょう！

私たちは、愛と光で結ばれた家族だということを、あなたもすぐに思い出すでしょう！

私たちは、エネルギーではみんな一緒にいます！　地上でも必ず、会えるでしょう！

私たちは、愛と光を発し続けます。それが、私たちの尊い使命だから……。
同じ想いを持つ、あなたにもきっと届くはず！
あなたのハートに届いたなら、あなたも愛と光でお返事してね！
愛と光のクリスタル維神を、ともに成し遂げましょう！
地球を愛の星へ！　さあ、みんなで行きましょう！！！

Ｗｅｂ：「クリスタル・ガーデン」～クリスタルベビーからのメッセージ～
http://hihumi369.net/crystal-gtop.html
ブログ：http://blog.goo.ne.jp/crystalgarden369

「クリスタルのちから」　ゆら（六歳）＆るり（三歳）＆れむ（九ケ月）＆リタ（母）

「クリスタルの子供たちより」

ゆら：ゆらは、愛と光の絵をかいているよ。みんなの愛と光があわさると、もっと強く光るようになって、どんどん愛と光が生まれていくんだよ。それがとてもうれしくて、楽しいの！

るり：自由な心で、わたしらしく、好きにワクワク生きるんだ。天真爛漫に、いつも笑っていたいの。おちゃらけていても、真剣にだよ。輝いているみんなが、世界を明るくするのよ。

れむ：ハートをおもいっきりひらいて、あなたのぜんぶをだしてごらん。きもちよくって、愛がとびだしていく！ ほんとうの力をみせてね。みんなのキッラキラのその力で、地球を愛の星にするんだ！

「愛と光のメッセージ」　ゆら&るり&れむ

ぼくらはみんな愛と光。美しい愛と光。澄んだクリスタルのきらめき。
すべてを照らし、すべてを導く、愛と光。
愛と光を伝えたかったら、ただ、愛と光になればいいさ。
ただ、愛と光を放つ。その輝きにみんなが自然と包まれていくから。
自分の真ん中にある神聖な空間から、たえず発せられる愛と光は、共鳴するたびに大きくなっていく。
根源なる愛と光。湧き上がる魂の力。みんなの真の力がひとつになったら、
どれほどのパワーを生むだろう。
未来はぼくらが創るんだよ。
今この瞬間にも、エネルギーは宇宙をかけめぐる。
純粋であるほど強く、強くあるほど美しく、ともに響きあう。
今こそ、愛と光の大発神!
成し遂げることがあるんだよ。これからが本当の始まり。
心からの願いと想いをつなげて。

あなたの大切な子供たちへ。世界中のすべての子供たちへ。愛してるーーー!!!

Ｗｅｂ　http://lovelight.jp　　ブログ　http://crystal.lovelight.jp

「未来の地球のキーワード」　航《わたる》（七歳）＆あめのひかり（母）

航：こんにちは！　航です。ママとアカデミーに参加しています。

あめのひかり：航との最初の出愛は、妊娠前でした。結婚後十年近くたっても子供ができず、不妊治療に通っていたある日、ソファでウトウトしていると、私の足元に三歳くらいの男の子と夫が手をつないで立っておりました。二人とも黄色い服を着ていました。私は眠っていたわけでもなく、眼も開いていました。その時は、ただただ涙が滲みました。

それから二週間ほどして、妊娠していることが分かりました。

妊娠中は、今のこのような世の中で、しっかりと子供を育てていくことができるのだろうか……と不安に襲われることもありました。

生まれてきた航を見た時は、とても神々しく、美しい子だと感じました。

当時、自己否定が強かった私は、自分からこのような子供が生まれてきたことが信じられなくて、本当にうれしかったです。

天使のような航は、みんなに笑顔を振りまき、すくすくと育っていきました。私の考えていることが話さなくても分かる時もありました。

しかしあることが原因で、しばしば母子の分離感を経験します。そして「このままでは、いけない！」と感じました。

そして約一年半前に、航とともにＡｉ先生のアカデミーに参加しました。参加当初は、航本人はアカデミーについては「？？？」でした（笑）。

次のメッセージは、アカデミーでの訓練の一環として、航のハイアーを通して私がコンタクトしたアセンディッド・マスターからのメッセージです。

君たちがどのような状況にいても、何をしていても、私たちはいつもあなた方に愛と光を送り、本来の姿に戻るよう見守っている。

あなた方が生まれてきた本来の意味、本来の目的、本来の役割。それに自ら気づき、大いなる歓びとともに、私たちの使命を成し遂げるのだ！

我々はいつもあなた方とともにある！　どんな時も、どのような瞬間も！

愛している！　愛している！　いつも愛を送っている！

アセンディッド・マスター　エル・モリヤ

Ａｉ先生からは、「さらに今後、クリスタル親子が連動して進んでいくだろう、というメッセージとエネルギーが来ています」と伺いました。

航のこれまでの人生での一番のターニング・ポイントは、Ａｉ先生の個人セッションを受けたことであり、その時に関西校のＬｏｔｕｓ先生と三時間半あまりを一緒に過ごしたことです。

Ａｉ先生と航は、玄関先で、一瞬でハイアーセルフ同士が挨拶を交わしたとのことでした。

Ａｉ先生は、「航くんの瞳は、ハイアーセルフの瞳と同じだね」とおっしゃっていました。

Ａｉ先生によりますと、航のハイアーセルフは、光輝くユニコーン（一角獣）のような姿に観えるそうです。そして航と私はツイン・ソウルであり、永い永い宇宙史の間も、ずっとずっと一緒であったことが分かりました。

このことで、航との「絆」が分かりました。「やっぱりそうだったんだ！！！」と胸が熱くなりました。普通の母子以上のつながりをずっと感じていました。これは何だろう？　過去世で一緒だったんだろうかと思っていましたが、もっともっと、深い深い、つながりがありました。

「航の明け方の夢」（目覚めてすぐに）

航：ママ〜！　ぼく、地下の人と、地下の世界に遊びに行ってきた夢を見た！！！

あめのひかり：そう、よかったね！　楽しかった？

航：うん！（すごく幸せそうな顔で）恐竜が穴の入口まで、迎えに来てくれたんだよ！

そのお礼にはクッキーをあげるの。ぼくは恐竜の頭に乗っかって、何かを完成させるために、「鶴の飾り」というものを上につけるの。

あめのひかり：上ってどこ？　天井？

航：洞穴の上だよ！

あめのひかり：完成って何？　何を完成させるの？

航：うーん……忘れた！　恐竜は首長竜だよ。十三階建てのビルくらいに大きいよ。

それが二頭いて、他のも三頭いて、あとはぼくが見たことがない生き物もいるの。それでみんなでご馳走を食べるの。

あめのひかり：よかったね。おいしかった？

航：でもおやつばっかりなんだよ。ケーキは甘すぎて、僕は好きじゃなかったの。でも、そのあとに辛いのが出てきて、それはすっごく美味しかった。

あめのひかり：辛いのってどんなの？　カレーかな？

航：わかんない。たぶんカレーかも。そこには友だちの○○君もいたよ。保育園の○組と○組のみんなも。みんなのそれぞれの洞穴の入口は別なの。途中まではいっしょなんだけど、中のお部屋は分かれているの。

あめのひかり：航くんがみんなを案内してあげたの？

航：うん、穴の入口まではね。でも中では違うよ。恐竜が案内してくれた。恐竜は話せるんだよ！

あめのひかり：そう、すごいね！　地下の人の大きさはどれくらいだった？

航：僕と同じくらいだった。

あめのひかり：もっと下までいったの？

航：ううん。これから行くとこだったのに……、ママが起こしたから見れなかった！楽しかったのに〜〜。また寝る〜〜！（笑）

Ａｉ先生からは、「インナーアース＝地球内部の高次の世界についても、いろいろと話し合ったり、一緒に探求するとよいですね！　今後のツアーも楽しみですね！」というメッセージをいただきました。

「航のハイアーセルフとの交流」

ある日、アカデミーの訓練のアセンション瞑想を行っていたら、「航の目覚め」「愛だよ」という心の声が聞こえてきました。

そして、白い光に輝くユニコーンのような、航の小さなハイアーセルフの姿が観えてきて、とても愛おしくなり、突然涙があふれました。

その白く輝く存在と、対話をしてみました。

あめのひかり：あなたの名前は？

航のハイアー：まだないよ。航くんがつけてくれるよ。

あめのひかり：あなたは航のハイアーセルフなの？

航のハイアー：うん！　ぼくは本当の航なの。まだ地上の航くんは気づいてないけれど。

胸がせつなくなって、どうしようもありませんでした。

あめのひかり：大好きよ！

航のハイアー：ぼくも大好きだよ！

そして嬉しそうに私の周りを飛び跳ねます。白い光のユニコーンの周りを、美しい不思議な蝶が何匹か飛んでいます。地球にはいない感じの蝶です。

次になんと、航のちびハイアーの姿が、白い龍に変わりました！　地球へと降りていき、地球をぐるぐる回ったり、私のハートを通過したりしたのです！

その時に、「ミティ」という言葉が浮かびました。
さらに白い龍は次に、赤い龍に変わりました。そして上昇していきます。地球から外へどんどんと！ そしてさらに、金色の鳥へ変身しました！

あめのひかり：これは天鳥船《あめのとりふね》というもの？

航のハイアー：そうだよ！

あめのひかり：私たちはあれに乗って、どこかに行くの？

航のハイアー：どこにも行かないよ。ぼくたちが行くんじゃなくて、宇宙のいろんな存在が、ここ（地球）を目指して来るようになるよ！

あめのひかり：ありがとう！ 大好きだよ！ 地上の航も見守ってね。地上の航が自信を取り戻して、目覚めるように。心でしか観えない大切な世界があることを思い出すように。

航のハイアー：その一番の方法は、ママの愛だよ！

……私はここでまた、泣いてしまいます。

あめのひかり：今日は一緒に、根源の光へ行こう！

航のハイアー：うん！！！

という、大感激のアセンション瞑想となりました！！！

このレポートに対して、Ａｉ先生からは次のようなコメントをいただきました。

「とっても大事な内容ですね！　大人もそうですが、クリスタルとのコラボの場合も、特にハイアーセルフとのコラボが重要です。

特に幼少であるほど純粋に、エネルギーに反応して、エネルギーで行動しますから、ハイアーセルフと対話すると、とても変わっていきます。

航くんが帰ってきたら、ハイアーセルフと地上の航くんと一緒に、ぜひコラボをしてみてください。

追伸：ミティちゃんは、日本語になおすと、『未来』という意味のようです。航くんの未来セルフであり、ハイアーセルフのエネルギーでもあり、それを導いていくエネルギーでもありますね。愛と光の中で！！！」

私は、次のように返信しました。

「Ａｉ先生、レスありがとうございます。今日、航を迎えに行く時に、玄関でミティが一緒でした。私がミティに『一緒に迎えにいくの？』と聞くと、ミティは『うん！』と私の後ろから付いてきました。私が「航が来たら、地上の航と合体してね！』と伝えたら、地上の航がやって来ました。そしてミティのことを少し話して、『今、一緒にいるよ』『お家に帰ってからくわしく教えてあげるね』という間も、ミティはずっと後ろをついて来ていました。

航は帰宅すると、雨にぬれた服を全部脱いで、ソファで馬のような姿勢をしていました……。

そしてその時に、ミティと合体した感じがしました……。

ちょうど家にユニコーンのミニチュアがあったのですが、航はそれを持ってきて、『ママ！今、この子が動いた！』と言いました。『そっか、ぶつかったからかな？』と聞くと、航は『違う！』と。

そして私はミニチュアのミティちゃんを前に置いて、私が今日、アセンション瞑想で観たことや聞いたことを航に話しました。

ミニチュアのミティちゃんを、走らせたり、飛ばせたりしながら。

航は、無言で、温かい笑顔で、一緒に真似をしたり、飛んだり、走ったりしていました。しばらく無言で、夢の中にいるように観えました。裸んぼのまま、そうして十分くらい一緒に遊んでいました。風邪をひくから服を着るように伝えるまでです。これが今日のコラボでした」

するとさらにAｉ先生から、

「とっても素晴らしいエネルギーが伝わってきます！　ミティちゃん＝航くんのハイアーセルフは、イコール、航くんの真の魂の本体のようですね！　本来の、魂のエネルギーそのもの！　そしてそのハイアーセルフと地上セルフの合体をつなぐゲイトとは、航くんのハートです！　そのゲイトが、あめのひかりさん、そして高次のこれまでのコラボのすべてで、開いてきて、つながった！　とてもとても感動的な、素晴らしいエネルギーです！！！　今後の展開が、とても楽しみですね。

地上セルフは、ワクワク＆マイペースでもありますから、ワクワク＆ベストのペースで、ともにコラボをしていってあげてください」とお返事をいただきました。

そしてこの時から、航の地上での生活が少し落ち着いてきました。強さも出てきました。アカデミーでの学びがなければ、このようなシフトは体験できなかったでしょう。

全ての出会いに感謝します。


「航からのメッセージ」

ぼくは、みんなが大好きだよ。ぼくは、がんばらないのが好き。ぼくは、自由なのが好き。

楽しいのが好き。国境がなくなって、みんなが自由に行きたいところに行けたらいいね。

そうしたら、世界じゅうのみんなとお友だちになれるね。

ぼくのお家はマンションで高いところにあるから、星が近くに見えるんだよ。宇宙にも行けるかな！？


「世界のクリスタルのみなさんへ」

こんにちは！　ぼくは航です！　七歳の日本の男の子です。

ぼくは、夏と、海と、虫と、犬と、ユニコーンと、ペガサスと、白い龍が大好きです。

それから、自然がいっぱいで、花がいっぱいの世界がいいです。

そして世界からお金がなくなって、みんなが自由に、楽しく、幸せに暮らせることを願っています。

みんなが優しくって、空気も水も美味しくって、全部がきれいな世界がいいです。
みんなはどうですか？
ぼくたちが大人になる時に、そんな世界になっているといいねっ！
宇宙人の友だちもいて！　自由に、行きたいところに行けるんだよ。
大好きなママやパパとも、はなれなくってもいいんだよ。
会いたい人には、いつでも、どこへでも会いにいけるんだよ。
そしてそのキーワードは「愛」ＬＯＶＥなんだよ！

あめのひかり&航クリスタルＷｅｂ　http://nmcaa-amenohikari.jp/
あめのひかり&航クリスタルブログ　http://nmcaa-ahikari.jugem.jp/

航のアート：青と緑の『地球』……本人がこれまでの人生で、一番気に入っている絵です。

「愛を思い出して！」　みわ（四歳）＆沙那（母）

沙那：皆さまこんにちは！　沙那（母）と娘のみわ（四歳）です。私とみわは約一年前から、Ａｉ先生のアカデミーの関東校の一つでアセンションについて学んでいます。

今、こうしたメッセージを書いていることが自分でも不思議なくらい、密度の濃い充実した毎日を過ごさせて頂いています。まだ始まったばかりですが、私たち親子のアセンションの軌跡を一緒に辿っていただけたら嬉しいです。

娘を妊娠した時、私は北陸の主人の実家に同居をしており、実の両親は関東におりました。主人に出産に立ち会ってほしいという思いから里帰りはせず、地元の病院で出産することにしていました。ところが出産予定日の前後に出張の予定が入り、せっかく地元で産むことを選んだのに、主人は立ち会えるかどうか分からない状態でした。出張の日程が決まり、明後日出発という日の早朝、陣痛がやってきました。みるみる間に間隔も狭まり、病院に着いて約七時間で誕生という安産でした。また、関東に住んでいる実母が旅行で北陸に来ていて、奇跡的に出産に立ち会い、産まれたての初孫を抱くことができたのです。

周囲に気を配り、みんなの幸せを願う。生まれる時からみわはそんな子でした。

そんな経緯もあり、以前から輪廻転生や過去世などに興味があった私は、よくみわに「生まれる前はどこにいたの？」「どうしてママのところに来てくれたの？」と話しかけていました。

「生まれる前の世界」

言葉を覚え、そしてやはり私がアカデミーで学び始めてからは、はっきりと生まれる前のことについて話してくれるようになりました。

沙那：生まれる前はどこにいたの？

みわ：みわちゃんは妖精さんだったの。お空の上にいて、羽でパタパタ飛んでいたよ。

沙那：そこにはママはいた？

みわ：ママもいたよ。ママはもっと大きな羽があって、素敵なドレスを着ていたよ。みわちゃんも素敵なお洋服だったよ。

沙那：ほかには誰かいた？

みわ：お友達もいたよ。ゾウさんのお鼻のすべり台をしたり、イルカさんが海につれてってくれたよ。

つい先日は、幼稚園のお友達に話しかけていました。

みわ：○○ちゃんもママのお腹に来る前は、妖精さんだったでしょ？

友達：えっ？

みわ：みんな、生まれる前は妖精さんなんだよ。

友達：え～～っ??

みわ：妖精さんは、お空の、宇宙の向こうにいるんだよ。だって、パタパタ～ッて飛んで来たんでしょ？

友達：え～???　そんなのわかりましぇ～ん！

あらあら……。子供の会話なのでまあいいか、と思いつつも、幼稚園ではいつもこんな話ばかりしているのかしら？　と心配になることも……。

沙那：みわちゃんは、どうしてママのところに来てくれたの？

みわ：お空で見ていて、あ、ママだ〜！　って分かったの。ママが歩いているのが見えたよ。

沙那：ママのところに来てねって、妖精さんの時に、ママとお約束をしたの？

みわ：ううん、ちがう。地球さんと約束したの。それで、ママがかわいそうかな〜？　って思って、急いで来たの。

沙那：どうしてママがかわいそうだったの？

みわ：だって、速くしないとママが泣いちゃうかな〜って思ったの。

確かに、みわが生まれるまで、いえ正確にはごく最近まで、私はとても孤独感の強い人間でした。そのために家族との関係にも苦しみや疲れを感じていました。それには過去世、今世のいわゆるカルマなどが関係しているのかもしれませんが、今が変われば過去も未来も変わる。アセンションすると全ての過去・未来・並行世の自分も癒される。それどころか、すべてを伴なって、愛と光に昇華していける。
アセンションとはそんな、夢のような本当の話なのです。自分の宇宙史、地球史、全てを統合して、根源の光に戻る時。そんなチャンスを与えられている奇跡に、ワクワクしませんか！？

「お腹の中で」
子供が布団や毛布に包まって安心することは、母親なら皆さんが経験されていることではないでしょうか？　みわもガーゼのタオルケットに頭まですっぽり入って、ママのお腹の中みたい、と喜んでいます。みわによるとお腹の中は薄暗く、とても小さな窓があるそうです。

沙那：お腹の中ではどうしてたの？
みわ：プールでプカプカ泳いでたよ。
沙那：みわちゃん一人だったの？
みわ：ううん、ちがう。まだ妖精さんで、お友達とお話してたの。生まれる時に、じゃあね、バイバ〜イ！って言ったの。

そしてある時急に、「みわちゃんはね、お腹の中で、えーん、早くママに会いたいよ〜！　って泣いてたの」と言われ、思わずぎゅー！　と抱きしめてしまいました。

子供が親に向けてくれる無条件の愛は、親にとって何よりの贈り物ですよね。

「生まれてからの中今」

最初に書いたように、みわは赤ちゃんのころから周りの状況をよく観察し、今、誰に愛が必要なのかを考えているような子供でした。周囲の大人が思わず笑顔になり、優しさを取り戻す、家族にとっては光そのものといった存在です。こんなことを書くのは親ばかのようですが、本来子供はみんなそうですよね！　赤ちゃんはそこにいるだけで大人の心を和ませてくれます。元気に遊ぶ子供の姿は、大人にもっと人生を楽しもうよ！　と教えてくれます。

子供たちは、過去がどうとか、明日どうなるとか心配せずに、ただ今の瞬間を楽しむことに一生懸命ですね。

それが、中今。子供たちは「今を生きる」最高のお手本です！

みわも歩くようになり、話せるようになり、一緒に遊ぶ楽しさを覚えて、中今、ますますそのことを教えてくれています。

また、アセンションの学びについても、みわの方がリードを取っているほど、情熱と明確な意志を持っています。

熱い魂を持ったみわからも、皆さまにお伝えしたいことがあると思いますので、世界のクリスタル親子の皆さんへ、みわのハイアーセルフとのチャンネルに挑戦したいと思います。


「みわのハイアーセルフからのメッセージ」

皆さん、こんにちは！　こうして皆さんにお話できて嬉しいです！

私は、ママと一緒に地球維神を成し遂げるため、地球と人々のアセンションに貢献するために生まれてきました。

今回の地球のアセンションは、宇宙のみんなが待ちに待った、大イベントです。

今地球にいる人たちは、この機会に立ち会いたくて、自分から手を挙げて生まれてきています。

私たちのように、そのことにわりと早く気がついて、みんなのアセンションに貢献したい！という人たちもいるし、前代未聞のイベントを目撃したい！　という人もいるし、いろいろだけど、みんなに思い出して欲しいのは、自分で決めて生まれてきているっていうこと！

親も、場所も、時代も、全部自分で選んで、一緒に過ごす人たちとも約束して、何を学びたいか？　何を経験したいか？　それをちゃんと決めてきているの。

だから、人生の主人公は自分です！

「せっかくのチャンスなのに、そのことに気づかないで人生を終わってしまうなんてもったいない！！」って、宇宙のみんなが見ているよ。


「世界のパパやママへ」

私たちにはそんなに時間がないの。生まれてくる時はみんな、完全に目覚めてる。

どうして生まれてきたのか、何をしたいのか、ちゃんと覚えてるよ。

でも、この世界で生きていくために、この世界のルールも覚えなくちゃいけないんだよね。

最初に決めてきたことと、パパやママが言うことがあんまり違うと、私たちも混乱しちゃう。

結局はパパとママの言うことを聞くようになるよ。だって、二人が大好きだから。

そうすると、魂が覚えていることを忘れるしかなくなっちゃうの。本当は覚えているけど、忘れたフリをするの。分かる？　それは、魂にとっては悲しいよ。今は時間がないからね。

だから、世界中のママとパパに言いたいのは、子供たちの声を聞いて！　ハートを開いて！

子供たちを見てみて！　ということです。

パパも、ママも、きっと何かを感じるはず。

だって、二人とも私たちと約束してきているんだもん。

パパとママを目覚めさせるよ！　愛を思い出してもらうよ！　って。

大丈夫！　何にも心配いらないから、安心して一緒に楽しもうよ！
たくさん笑って、嬉しくて泣いて、美しい世界を楽しもう！
優しい心を感じよう！　愛を感じて、愛を表現しようよ！
私たちが、そんな世界を造るからね！
たくさんの仲間と、美しくて、楽しくて、優しい世界を絶対に創るからね！！

沙那：子の幸せを願わない親はいません。親なら誰でも、我が子に最大限のことをしてあげたいと望みます。私も、娘を幸せにしたい。そのためにしてあげられることは何かと自問自答してきました。

子供の幸せとは何でしょうか。私は最初、『生きる力』をつけてあげることだと考えました。それは多分にサバイバルの要素を含んでいます。競争社会の中で、振るい落とされない力、生き残る力という意味ですね。

でも、時代が競争から共生へと変わってきていることを、皆さんも感じていらっしゃると思います。

何よりも、自分の子供に、人を蹴落として自分だけが豊かになるような人間になってもらいたいでしょうか？

これから来る（みんなで創る）愛と調和の世界で必要なのは、愛です。

愛は優しさであり、美しさであり、歓び、楽しさ、笑いです。

また、愛はパワーでもあります。

愛を選択したからといって、子供が不幸になることは万が一にもありません。

自分が愛であり、自分の現実の創造主であることを思い出せば、何も恐れる必要がないと分かります。

また、愛になって、人々や生命や宇宙とつながっていくと、それぞれの個性もより際立ち、魂が輝きます。

子供が本来の個性を最大限に発揮できるのです。それがアセンションです。

もう皆さんは、幸せは、お金や物や名誉ではなく、心で感じるものだと知っていらっしゃいますね。

アセンションをしていく中で感じる幸せは、魂の歓び、幸せです。

いくらお子さんが明確なアセンションの意志を持っていても、親御さんの理解なしには前に進めません。

ぜひ、子供にとって本当の幸せとは何か？　をハートに問いかけてみてください。

必ず答えはあります。ハートの声に耳を傾けてください。

一組でも多くの幸せな親子が誕生しますように。
ともに地球維神を成し遂げる、同志とつながれますように。

心からの願いと愛と感謝を込めて。

Web http://nmcaa-sana-miwa.sakura.ne.jp

みわが描いた、妖精の姿のママ。
大きな羽があって、ブルーのドレスを
着ているのだそうです。

「全世界のクリスタルへ　目覚めよ！　愛の星へ向かって！」


皆さん、地球が好きですか？　自然が好きですか？

私は自然が大好きです。

地球のエネルギーを感じることができるからです。

それは美しい調和のエネルギーであり、自然からの愛を感じます。

私はこの地球を、愛のあふれる星にしたいと思います。

宇宙に浮かぶ一つの星として、みんなが調和して、いつも笑顔で、お互いに助け合って生きていく、美しい星にしたいのです。

宇宙中から尊敬される星にしたいと思います。


自然の中にいる時に、私は美しさしか感じません。

木々の緑、土の香り、鳥の声や虫の姿、かわいらしい花。

すべてが平和で、穏やかで、楽しい気持ちになります。

そして地球はどれだけの思いで、この地上の生きものたちを生かしてくれているのだろうと思います。
このような一瞬の自然の美しさ、一瞬の光を記憶したいと思います。
それは、地球の愛だからです。
そして、私も地球を心から愛しています。

全世界にいる、クリスタル・チルドレンのみんな！
地球をこよなく愛する子供たち！
みんなが仲良くして、いつも笑顔でいられたら、
どんなに楽しい毎日になるだろう？
お互いに助け合い、優しくするだけで、どれだけ世の中が変わるかな？
それをやってみようよ！　やればできる！
子供たちにできることがたくさんあるはず！
地球を愛の星にする！
私たちはそのために生まれてきたのです。
みんなもそうだよね？

みんなの愛と勇気と優しさをお互いに伝えよう！
人々が笑顔で手をとりあうような、光り輝く世界へ向けてがんばろうよ！
みんなが愛の気持ちを持てば、みんなに伝わるよ！
みんなが優しくなれば、みんなも優しくなるよ！
みんなが地球に愛を贈れば、地球は光り輝くよ！
みんなが宇宙に愛を贈れば、宇宙からたくさんの愛が届くよ！

やってみようよ！　いつも笑顔で、ハートを開いて！
ハートを開くと、胸が温かくなるのを感じられる。
だから、いつも胸が温かくなるように笑顔でいようよ！
ハートが温かくなると、そこから愛が出てくるから、胸が温かくなるんだよ。
明るくて、優しくて、良い言葉をたくさん使おうよ。
その言葉には、愛が入っているよ。
そういう言葉は、相手を元気にしてあげられるよ。

自分が愛を持てば、周りも愛を持ち、すべての人が愛を持ち、
惑星全体が愛であふれるようになるのです。
そして地球が愛の星になって、宇宙の愛の中心になったら、
素晴らしいと思いませんか？
地球が愛の星として、宇宙のみんなから尊敬されるのです。
そんな星を創りましょう！

私には、そういう地球が観えます。愛に光り輝く美しい地球が。

みんなで、一緒に創ろう！

みんなの応援を待っているよ！

ロード・キリスト・サナンダ ＆愛と光のクリスタル連合
チャンネル：天野 明　　監修：Ａｉ

'To the Crystal Children of the World'
—Wake up, for a planet of Love!_

Dear friends, Do you love and respect Mother Earth?
Do you love the nature?
I love the nature because I feel energy from the Earth when I am there.
It is an energy of beautiful harmony and coexistence.
I would like to make this Earth a planet full of love.
As one of the planets in this Universe, I wish to make it a beautiful place where people
are cooperative, happy and harmonious.
A planet which is respected by the Beings of this Universe.

I feel only beauty in nature.
The beauty of the green leaves, smell of the earth, songs of the birds and the adorable flowers,
these are all peaceful, calm, and wonderful.
I wonder, how much effort and love has Mother Nature spent to sustain us.
I wish to memorize the moments of beauty and light of the nature.
This, I think, is the Love of Mother Earth.
And I love the Earth from my heart.

To the Crystal Children of the World!
To the Crystal Children loving much the Earth!
How would you feel if everyone was always happy and collaborated together as one?
How would this world change if everyone simply helped each other and became benevolent?
Every day would become very positive.
Let's make that come true!
We can, if we try!
I believe that there are many things children could do to make this world a beautiful place.
We can make this planet filled with Love.
I think we were born to accomplish this.

We can spread our Love, Courage and Benevolence.
We can collaborate so that our communities are a place where people can happily live together.
If everyone has kindness in their hearts, it would make a difference.
If each person respects one another, you will also be respected.
When everyone Cares and Loves Mother Earth, She will shine with Light!
When everyone welcomes the Beings of this Universe, they will Love you back.

We can do it!
Open your hearts and smile!
When you open your hearts you would feel the warmth of Love inside yourself.
You can try to smile and open your hearts!
Be bright, nice and use good words.
Good words have positive energy that can lighten up your spirit.

If everyone could use nice words and have Love, this planet would be filled with it.
Wouldn't it be nice if the Earth was a beautiful planet filled with Love?
We could be respected by the Beings in this Universe.
I wish to work to make it possible.
Let's strive for a wonderful planet!

Lord Christ Sananda & Crystal federation

Channel & Translation: Akaru Amano
Supervisor: Ai

おわりに　――世界のアセンション家族へ！――

アセンション・ファシリテーター　Ａｉ
＆すべての愛と光の連合（皆さんのハイアーセルフ、
高次と地上のすべての愛と光の家族）より

皆さま、いかがでしたでしょうか！

クリスタルたちの素晴らしい愛と光が、皆さまに伝わったと思います！


今、この本とクリスタル・プロジェクトは、とても重要なものとなっています。

まずその一つは、本書の内容でお分かりのように、クリスタルたちの存在そのものが、私たちの本来の存在の核心である純粋な「愛と光」であり、そのよき見本、手本であるということです。

そしてこれを思い出し、発揮していくことが皆さんの、真のアセンションへ向けての重要な準備となるからです！


そしてもう一つは、クリスタル・チルドレンは、未来の地球を継承し、担っていく子供たちである、ということです。

私たちが創造する中今と未来の地球を受け継いでいく子供たちなのです。

そして、その子供たちのハートと魂の成長や、環境のサポートも、我々自身にかかっているのです！

私たちや子供たちの未来へ向かっては、この地球という素晴らしい星を、愛と光のひとつの家族にしていくことが重要です。それが、私たち一人ひとりと地球全体のアセンションです。そのためには、私たち一人ひとり、親子、家族でのアセンションがとても重要です。

それが、クリスタル・プロジェクトなのです！

今、地球人類は、二〇一二年に突入しています。宇宙も、太陽系も、地球も、日々エネルギーと波動が高くなっています。これまでにしっかりワクワクとアセンションに取り組んできた人たちは、今、愛と光と喜び全開で、その成果を体感しており、ますますの本番と実働へ向けて、日々確実に進んでいます。

それは、今からでも決して遅くはありません。特に二〇一二年から二〇一三年にかけては、エネルギーの流入とシフトが大きい時期ですので、大きなチャンスとなります！

今から、ここから、あなたから、そして皆さんのご家族から、アセンション＝永遠・無限の魂の進化へ向けて、その愛と光の扉を開きましょう！！！

二〇一二年の後半は特に重要ですので、そのためのガイダンスの本もまとめていく予定です。

みんなでともに、愛と光の星とその未来を創造していきましょう！　身近なこと、できることからの行動も重要です。まずは一人ひとり、そして皆さんのご家族から！

そこに愛と光の未来の星のひな型を創っていきましょう！

愛と光の星と未来の創造をともに！

Ａｉ＆愛と光の家族より

◎著者プロフィール◎
アセンション・ファシリテーター　Ａｉ（あい）

愛と光のアセンション・アカデミーとライトワーカー家族の
ＮＭＣＡＡ(New Macro Cosmos Ascension Academy)
アセンション・アカデミー本部、メイン・ファシリテーター。
高次と地上の、愛と光のアセンション・ライトワーカー家族とともに、
日々、たくさんの愛と光のライトワーカーと、そのファシリテーター
（アセンションのインストラクター）を創出している。
主な著書は『天の岩戸開き―アセンション・スターゲイト』、
『地球維神』『愛の使者』（共に明窓出版）等。

◎ＮＭＣＡＡアセンション・アカデミー本部への
ご参加のお問い合わせは、下記のホームページをご覧の上、
Ｅメールでお送りください。

ＮＭＣＡＡクリスタル・アセンション・アカデミー本部
http://nmcaa.jp/crystal
ＮＭＣＡＡ 本部公式ホームページ　http://nmcaa.jp

◎パソコンをお持ちでない方は、下記へ資料請求のお葉書をお送りください。
〒６６３－８７９９
日本郵便　西宮東支局留　ＮＭＣＡＡ本部事務局宛

ＮＭＣＡＡ　本部公式ブログ　http://blog-nmcaa.jp
ＮＭＣＡＡ　本部公式ツイッター　http://twitter.com/nmcaa

クリスタル・プロジェクト

アセンション・ファシリテーター　Ai《アイ》著

明窓出版

平成二十四年六月二十日初刷発行

発行者——増本　利博

発行所——明窓出版株式会社

〒一六四—〇〇一二
東京都中野区本町六—二七—一三
電話　（〇三）三三八〇—八三〇三
FAX　（〇三）三三八〇—六四二四
振替　〇〇一六〇—一—一九二七六六

印刷所——シナノ印刷株式会社

ISBN978-4-89634-304-5

ホームページ http://meisou.com

地球維新　黄金人類の夜明け

アセンション・ファシリテーター　Ai

発刊後、大好評、大反響の「天の岩戸開き」続編！
Ａｉ先生より「ある時、神界、高次より、莫大なメッセージと情報が、怒涛のように押し寄せてきました！！　それは、とても、とても重要な内容であり、その意味を深く理解しました。それが、本書のトップ＆コアと全体を通した内容であり、メッセージなのです！　まさにすべてが、神話、レジェンド（伝説）であると言えます！」

（読者さまの感想文より）

いろいろなスピリチュアル系の本を読んできましたが、この本は、何かが一線を画しています。

それは……、途方もないエネルギーとしか言いようがありません。数行読むだけで、読むのが止まってしまいます。あまりに膨大な歓喜、至福、そして、愛を感じるからです。

それは、もはや地球規模ではなく、遥か超宇宙規模……。

銀河とか、宇宙さえも超えています。その静かにして、強烈な光を感じると同時に、日の元に生まれた人としてのミッションの重大さに気づかされ、畏敬の念に打たれます。

神社など、さまざまなパワースポットがありますが、最大のパワースポットは私たち自身にあると感じさせてくれました。

定価2400円

愛の使者

アセンション・ファシリテーター　Ai

永遠無限の、愛と光と歓喜のアセンションに向かって――

宇宙のすべての生命にとって、最も重要なことを解き明かし、はじめでありおわりである、唯一最大のアセンション・スターゲイトを開くための、誰にでも分かるガイドブック。
中今の太陽系のアセンションエネルギーと対応している最も新しい「八つ」のチャクラとは？
五次元レベルの波動に近づけるために、私たちが今、理解すべきこととは？

定価500円

シリウスの太陽

太日　晃

地球と宇宙をつなぐスターゲイトが今、開かれようとしている。来たるアセンションに向け、地球から最も近いスターゲイト、シリウスへと繋げる、壮大なプロジェクトが始動した！　それが、「シリウス・プロジェクト」だ。現役医師による2012年アセンションレポート、緊急報告!!　シリウス太陽とは？　スーパーアセンションとは？　宇宙連合とは？　最新情報が満載！

定価1000円

光の鍵

〜アカシック・レコードの扉を開ける

オジャ・エム・ゴトウ

癒しの街バンクーバーのスピリチュアル・ヒーラー、オジャがアカシャの記憶へとあなたを導く。
アカシック・レコードは、宇宙にあるといわれる、地球や人類の過去・現在・未来の記録のことをいいます。アカシック・レコードの情報は、ある状態が整えば、誰でも受け取ることができます」＊アカシックに誘導するＣＤと、イラストが美しいオラクルカードも、付録としてついています。

(読者さまの感想文より)「未曾有の大震災、原発事故など暗いニュースばかりの中、これから毎日の心の拠り所をどこに求めたらいいのか、そんなことを考えながら直感的にこの本を購入しました。付属のCDをかけて、少しずつ読み進むうちに答えは自分の中にあることに徐々に気付いていきました。精神論だけが長々と書かれていて、読み終わっても『じゃあどうしたらいいの？』という疑問ばかりが残る本が多い中、この『光の鍵』は全て必要なことが18の鍵に集約されており、誰にでもとても読みやすく、しかも実践的なのが素晴らしいと思います。週末にさっそく読み始め、2の『深呼吸』、3の『看板作り』と進んで行き、ちょっと一休み。洗面所に行って、ふと鏡に映った自分を見てみると何だかすっきりした顔に……。オラクルカードの絵も、見ているだけで心が洗われるような気がして、とても不思議です……」　定価1680円